Veronika Beer & Stefanie Gentner

Glücksorte in München

Fahr hin und werd glücklich

Droste Verlag

Für unsere Familien und Freunde, weil sie uns glücklich machen.

Liebe Glücksuchende,

wir sind glücksverliebt und verrückt nach München. So war das schon immer. In dieser Stadt sitzt das Glück wirklich an jeder Ecke. Manchmal muss man nur den Stuhl ein bisschen verrücken, das Herz öffnen und sich auf seine Sinne verlassen.

Da wird ein Laden zu einem Kino und ein Park zu einer süßlich duftenden Erlebniswelt. Kaffee in der richtigen Umgebung umhüllt uns mit Geborgenheit. Leidenschaftlich gesungene Lieder oder warme Sonnenstrahlen an einem Hauseingang wecken Kindheitserinnerungen.

Wir müssen raus, Neues erleben, Leute kennenlernen. Denn es sind die Menschen, die das Glück zu uns bringen – wenn wir sie nur lassen. Wir lieben die verbindliche Herzlichkeit, den ehrlichen Grant und das bunte Biergarten-Miteinander. Denn München ist bunt.

Alle sind willkommen.

Das Buch ist eine Einladung zum Besuch von kulturellen, politischen, künstlerischen und sportlichen Orten, die uns das gute Gefühl geben, richtig zu sein. Zum Beispiel geht es auf den Viktualienmarkt – aber nur um fünf Uhr früh! Über Hängematten erheben sich plötzlich die Berge, in geheimen Kellern fließt das Bier, und im Sommerregen wird die Stadt zum Dorf. Wir joggen auf einem Friedhof und picknicken auf einem Ha-Ha. Kind trifft Kasperl. Beton weicht Blume. Durch München hüpft das Glück.

Ihre Veronika Beer und Stefanie Gentner

Deine Glücksorte …

… noch mehr Glück für dich

Idylle im Großstadt-Trubel

1 *Der Stemmerhof*

Es ist wohl das lauschigste Plätzchen in ganz München – und das mitten in der Stadt. Der Stemmerhof ist eine Ruheoase mit dörflichem Flair, fast ein bisschen wie aus einer anderen Zeit.

Laut dröhnt die Lindwurmstraße daher. Sie bahnt sich ihren Weg raus aus der Innenstadt und findet ihren Endpunkt knapp drei Kilometer weiter am Sendlinger Berg. Da wird's dann gemütlicher und fast schon romantisch: links die Alte Sendlinger Kirche, rechts das Schmied-von-Kochel-Denkmal, dazwischen der Stemmerhof mit angrenzender Stemmerwiese. Noch bis 1992 gab's hier Kühe, man spricht vom letzten Bauernhof mit Milchwirtschaft im engeren Stadtgebiet.

Misthaufen dampfen hier heute nicht mehr. Und auch der Traktor wurde inzwischen ausrangiert. Dafür haben andere Highlights Einzug gehalten. Der Stemmerhof beherbergt eine bunte Mischung von Läden mit ökologisch-alternativem Hintergrund. Da gibt es den Hofladen, einen Biomarkt, ein Schmuckatelier, Musik- und Malerwerkstätten, die skandinavische Lifestyle-Marke „Muu-Clog" und ein Café. In der sanierten früheren Westscheune ist eine therapeutische Tagesstätte untergebracht. Alles frei nach dem Motto: Leben und leben lassen! Worauf also warten: Man hole sich eine Limo und suche ein Plätzchen im Dorfplatz-Carré. Hinsetzen darf man sich überall, heißt: Wer sich sein Getränk im Hofladen geholt hat, darf mit diesem auch gern gegenüber vor dem Schmuck-Atelier oder auf dem Bankerl vor dem Kinderladen Platz nehmen. Oder wie wär's mit einem Picknick auf saftigem Grün? Bisher hat die Stemmerwiese noch jedem Bauherrn Kontra gegeben. Das Areal hinter dem Stemmerhof mag ja für Wohnungsbauer durchaus reizvoll sein. Das interessiert hier aber herzlich wenig. Denn noch schöner ist's, die grüne Oase auf einer Hängematte zu genießen, die hier gerne mal zwischen die Bäume gespannt wird, dabei Fußball spielende Knirpse oder sonnenanbetende Yogis zu beobachten oder einfach nur dem Summen aus den angrenzenden Bienenstöcken zu lauschen.

TIPP

Die Kultur- und Kleinkunstbühne „Ars Musica" lädt in den Räumen des Stemmerhofs zu Konzerten ein.

Stemmerhof, Plinganserstraße 6, 81369 München, Stadtviertel Sendling
www.stemmerhof.de

ÖPNV: Bus 53, Haltestelle Sendlinger Kirche, U3, 6, Haltestelle Harras, S7, 27, Haltestelle Harras

Einmal bei „Passagne" klingeln

2 *Das Franzosenviertel in Haidhausen*

Belfort-, Metz-, Sedan- und Pariser Straße. Das klingt wie das Land von Balzac und Baudelaire – auch wenn die Namen an Schlachten im Deutsch-Französischen Krieg erinnern. Im Herzen Haidhausens flattert die Sonne über das Trottoir an der Bar Fortuna, wo sich zwischen Studenten und Familien bei Café au Lait und Kardamomkuchen das Savoir-vivre entfaltet. Auf dem Weißenburger Platz plätschert der Springbrunnen im Blumenrondell – schön wie am Gärtnerplatz, nur ohne Straßenlärm.
Obst- und Gemüsehändler gesellen sich im gründerzeitlichen Franzosenviertel um den Pariser Platz zu Ökobabymode und dem bayerischen Japaner „Nomiya". Nachts pulsiert hier das Leben: Auf 160 Einwohner kommt eine Kneipe. Am besten bei der unscheinbaren Bar „Maria Passagne" klingeln, um Einlass bitten und im Schummerlicht Whisky trinken. Das ist Großstadt. Dennoch: Nachbarschaftshilfe und Hinterhoffeste mit Gitarrenmusik schaffen hier ein Flair, das man sonst nur noch vom Dorf kennt.
Wie auf dem Land fühlt man sich auch am Ende der Preysingstraße. Vorbei an Tante-Emma-Läden, Manufakturen und einer Papeterie spaziert man zu liebevoll erhaltenen Herbergshäuschen wie dem aus Holz gebauten Kriechbaumhof und dem efeuberankten Üblacker-Häusl, das heute als Stadtteil-Museum dient. In den Cafés „Preysinggarten" und „Zum Kloster" spielen Kinder unter Kirschbäumen auf dem Kopfsteinpflaster, Autos sind verboten.
Das war nicht immer so mit der Idylle. Bis in die 70er-Jahre hatte Haidhausen verfallene Häuser, finstere Hinterhöfe, bröckelnde Fassaden. In den 80ern sanierten Handwerker im „Glasscherbenviertel" die Altbauten. Der Zweite Weltkrieg ließ immerhin 60 Prozent von ihnen übrig – so viel wie in keinem anderen Münchner Stadtteil.
Nun ist alles hübsch. Den besonderen Viertelcharme erlebt man, wenn man in der Abendsonne über die nördliche Wörthstraße schlendert und eine Galette mit Matjes oder Spinat aus der Crêperie „Bernard" genießt. Zeit lassen! Sonst sieht man nichts von all der Schönheit.

Franzosenviertel rund um die Preysingstraße, 81667 München, Stadtviertel Haidhausen
www.dielokaleleidenschaft.com und www.freunde-haidhausens.de
ÖPNV: S1, 2, 3, 4, 6, 7, 8, Haltestelle Rosenheimer Platz, U4, 5, Haltestelle Max-Weber-Platz, Tram 15, 19, 25, Haltestelle Wörthstraße, Tram 16, Haltestelle Gasteig

So überglücklich wie früher

3 *Der Laden „Das Kinderzimmer“*

Hinter der schweren Glastür, deren Glöckchen aufgeregt gegeneinander klimpern, sind wir wieder Kind. Rechts die Murmelbahn, über uns tänzelnde Mobiles, weiter hinten golden schimmernde Schmuckkästchen mit Spieluhren und Affen mit viel zu langen Armen. Puppenhaus und Kaufladen wecken Erinnerungen an Tage, als Spielen das Wichtigste der Welt war. Wir sind im „Kinderzimmer“, das die ganze Stadt seit Jahrzehnten kreativer und vergnügter macht.

Kitsch kommt Inhaber Philipp Gremmler nicht in den Laden. Auf Spielwarenmessen schlüpft er hinter die Regale und durchsucht Kisten, um das Besondere zu entdecken. Aus der anonymen Vielfalt der Branche wählt er große und kleine Kostbarkeiten aus. Für sie hüpft nicht nur das Herz der Kinder, sondern auch das der Erwachsenen, die oft ratlos ins Geschäft kommen und es selig wieder verlassen.

Tausende Schätze hat Gremmler hier versammelt. Manche davon zeigt er den Kunden im Büro, das das passende Schummerlicht liefert: Dort scheinen plötzlich Glühwürmchen zu fliegen – ein Zaubertrick mit Lichterkugeln. Für Geschichtenerzähler zieht er eine Taschenlampe hervor, die wie ein Diaprojektor funktioniert: An der Wand landen ein Mädchen in Regenjacke, eine Ente und ein Halbmond am Angelhaken. In mehreren Bildern erleben sie ein Abenteuer, das sich Eltern und Kinder frei ausdenken dürfen.

Seit mehr als 50 Jahren gibt es „Das Kinderzimmer“ in Schwabing schon. Die Geburt von Philipp Gremmler und seiner Schwester brachte deren Vater Tomas auf die Idee – und machte ihn zum Pionier. Denn hochwertiges Spielzeug aus ungiftigen Materialien war Mitte der 1960er-Jahre nicht üblich in der Branche. Die Gremmlers wurden mit viel Stammkundschaft belohnt. Im eigenen Planungsbüro entstehen Möbel, die bis nach Miami und Jakarta verkauft werden.

An der Kasse verpackt Gremmler Geschenke in rot-weiß-kariertes Papier – das Markenzeichen des Ladens. Es erinnert an die Bettwasche aus dem Kinderzimmer des Vaters.

Laden „Das Kinderzimmer“, Kurfürstenstraße 55, 80801 München, Stadtviertel Schwabing
www.das-kinderzimmer.de

ÖPNV: Tram 27, 28, Haltestelle Elisabethplatz oder Kurfürstenplatz, Tram 12, Bus 53, 59, Haltestelle Kurfürstenplatz, U2, 8, Haltestelle Josephsplatz oder Hohenzollernplatz

MILCHZÄHNE

Gegen den Luxus-Wahn

4 *Willkommenskultur im „Bellevue di Monaco“*

Zum Abriss bereit! Eigentlich wollte die Stadt das fünfstöckige Haus in der Müllerstraße 6 für immer beseitigen und stattdessen für sieben Millionen Euro einen Neubau hochziehen. Das war im Winter 2013. Dann regte sich Widerstand. Mehmet Scholl, der Regisseur Markus Rosenmüller und die Sportfreunde Stiller engagierten sich unter anderem für die Rettung des Gebäudes aus dem 19. Jahrhundert. Und was zunächst kreative Rebellion und eine Rettungsaktion wider den Gentrifizierungswahnsinn sein sollte, hat sich schnell zu einem besonderen sozialen Auftrag entwickelt.

„Willkommen“ lautet das Motto in dem markanten Eckhaus. Im Herzen der Stadt haben Münchner ein Projekt mit Herz geschaffen, mehr noch: etabliert. Denn heute steht in der Müllerstraße 6 kein Abrisshaus mehr – und auch kein teurer Wohnturm wie gegenüber die Luxus-Wohnimmobilie „The Seven“. Heute tummeln sich dort Geflüchtete, Helfer und Interessierte. Die schnell gegründete Sozialgenossenschaft „Bellevue di Monaco“ hat mithilfe von Handwerkern, Architekten und zahlreichen Freiwilligen ein Wohnhaus für 20 bis 25 junge Menschen aus Syrien und anderen Kriegsgebieten geschaffen. Es gibt ein Café und zahlreiche Veranstaltungen. Wer vorbeischaut, findet Platz für Diskussion oder genießt einfach seinen Cappuccino – egal, ob neuer oder alteingesessener Münchner!

Die Macher organisieren Hilfsfahrten in Flüchtlingslager. Sie bieten Informationstage für Geflüchtete an. Wer Hilfe mit der Sprache braucht, kann den Workshop „Deutsch als Fremdsprache“ besuchen. Kurz: Die vormals alte, vom Abriss bedrohte Bausubstanz hat sich zu einem lebendigen und offenen Haus entwickelt. Die Bürger kommen, weil sie sich hier wohlfühlen. Der Protest hat sich gelohnt. Denn statt der sieben Millionen für Abriss und Neubau hat „Bellevue di Monaco“ das Haus mit nur rund zwei Millionen Euro saniert, hergerichtet, wohnlich gemacht – zahlreichen Helfern und Spendern sei Dank. Und ein Ende ist nicht in Sicht, denn das Thema ist noch lange nicht durch.

Bellevue di Monaco, Müllerstraße 2-6, 80469 München, Stadtviertel Glockenbachviertel
www.bellevuedimonaco.de
ÖPNV: Bus 52, 62, Haltestelle Blumenstraße

BELLEVUE
DI MONACO
BAUHÜTTE

Kultchor mit Herz und Bier

5 *Der „Bud-Spenzer-Heart-Chor" aus Giesing*

„Na, na, na, na, naa, naa – na, na, na, na, naa, naa …" Singen macht gute Laune. Zuhören auch. Und wenn wie beim „Bud-Spenzer-Heart-Chor" noch Kult und Kindheitserinnerungen bedient werden, verdrücken selbst gestandene Mannsbilder eine Träne. Inzwischen treten die 60 Sänger um Chorleiter Dominik Schauer überall in München auf – in Kinosälen und in den besten Liveclubs der Stadt.

Daheim ist der Chor im Stadtviertel Giesing. In der Kultkneipe Riffraff wird jeden Montagabend enthusiastisch geprobt – wilde Experimente mit Sitztrommel, Gitarre, Bass und Blockflöte inklusive. Es geht um kollektiven Frohsinn und nicht darum, sich in musikalische Superlative zu peitschen. Lieber zwischendrin ein Bier trinken.

Der Chor zelebriert Cowboy-Dynamik: Die Damen in Jeans, die Herren in Karohemden, so trabt man los zu Konzerten auf den Pfaden des singenden Plattfußes. Mit schlagerartigen Songs wie „Flying Through The Air" von Oliver Onions und „The Middle Of All That Trouble Again" von Albert Douglas Meakin werden die Herzen der Zuhörer im Galopp erobert. Mitmachen darf jeder – Hauptsache man ist mit Leidenschaft dabei. Wenn einem mal ein falscher Ton über die Lippen kommt, egal! Denn nichts auf dieser Welt übertrifft die Stimmgewalt eines so motivierten Kneipenchors.

Aber wie kam es dazu? „Ein befreundetes Paar mit Nachnamen Hill hat seinen Sohn tatsächlich Terence genannt", erinnert sich Dominik Schauer: „Es hat sich gewünscht, dass ich auf der Taufe spiele." Also studierte er Arrangements aus den Filmen ein – und nahm sie mit zur Probe seines neu gegründeten Chors. Die Sänger waren begeistert, und der Giesinger „Bud-Spenzer-Heart-Chor" war geboren. Das „Z" haben die Mitglieder als Liebhaberdetail in den Chornamen gepackt. „Heart Chor" soll an den Helden mit Herz erinnern, der manchmal „hardcore" drauf war.

„Nach der Probe sind wir selig", sagt Chormitglied Dana. Zwei Stunden Singen stimmt euphorisch. Also am besten mitmachen oder, um es mit Bud Spencer zu sagen: Lasst mal schön die Stimmritzen blubbern!

Riffraff, Tegernseer Landstraße 96, 81539 München, Stadtviertel Giesing
www.budspenzerheartchor.de
ÖPNV: U2, 7, Tram 15, 25 und Bus X30, Haltestelle Silberhornstraße

Kastanienallee und Rosenmeer

6 *Der Luitpoldpark*

Geht man am Neujahrsmorgen in den Luitpoldpark, betritt man eine skurrile Kulisse. Über Rasen und Büschen hängen Nebelschwaden von der Knallerei aus der Silvesternacht. Durch den Dunst erkennt man orangefarbene Gestalten – fleißige Mitarbeiter der Stadt. Im Nullkommanichts haben sie Wege und Wiesen von Raketen und Glasscherben befreit. Drüben am Rodelberg ziehen schon die ersten Familien ihre Schlitten durch den Schnee nach oben.

Der Luitpoldpark ist der gepflegteste Park der Stadt. Immerzu jätet jemand Unkraut in den lachsfarbenen Rosenhügeln am Schuttberg. Der ist 37 Meter hoch und aus Trümmern des Zweiten Weltkriegs errichtet. Gleichzeitig ist der „Lupo“ wunderbar wild. Im hohen Gras turteln Verliebte zwischen Wiesenblumen mit bestem Blick auf den Olympiaturm. Spaziergänger sonnen sich derweil unter einem betagten Apfelbaum.

Überhaupt geht es hier allen gut: Kinder lieben den Spielplatz mit Pergola, Irrgarten und Pumuckl-Brunnen. Vorsicht! Der Kobold spuckt Wasser. Alter Baumbestand von Ahorn, Buchen, Eschen und Linden bietet Eichhörnchen, Vögeln und Fledermäusen Lebensraum. Und wo ließe es sich schöner picknicken, Fußball spielen oder den Hund ausführen als in den riesigen Alleen aus Kastanienbäumen, die im Herbst gar nicht wissen, wohin mit all ihren braunen Kugeln? Hier werden Geburtstage auf Picknickdecken und Bierbänken gefeiert. Dann hängt schon mal eine „2“ in Form einer Giraffe im Baum oder eine silberfarben in der Sonne glänzende „30“ am Fahrradlenker.

TIPP Von Mai bis September bietet die Stadt kostenlose Sportveranstaltungen, sonntags Spielenachmittag für Kinder.

An kühleren Sommervormittagen hat man den „geheimen Park“, wie ihn die Münchner nennen, fast für sich allein. Eine perfekte Joggingrunde beginnt beim Obelisken an der Karl-Theodor-Straße, dann zum „Marterl“ mit Marienbild und Briefen. Im Bogen geht's zu den Blutbuchen mit roter Laubfärbung und zur Stadtvilla „Bamberger Haus“. Die Serpentinen hinauf zum Schuttberg sind anspruchsvoll. Um den Läufer herum erhebt sich dichter Wald – und oben ein sagenhaftes Panorama.

Luitpoldpark, Brunnerstraße 2, 80804 München, Stadtviertel Schwabing-West
www.muenchen.de/freizeit/spielen.html
ÖPNV: U1, 2, 3, 8, Tram 12, 28, Bus 140, 141, 142, 144, Haltestelle Scheidplatz

Ein Kessel Kreatives

7 *Das „Isar-Kollektiv"*

München ist kreativ und sprüht vor Ideen. Aber wo sollen Jung-Designer, Künstler und Handwerker ihre Produkte zeigen? Ein eigener Laden ist viel zu teuer. Vor diesem Problem standen auch Daniela Mülhaupt und Iris Müller-Borchers. Lange Zeit wussten die Designerinnen nicht, wo sie ihre handgefertigten Stücke verkaufen sollten – bis sie auf die Idee kamen, sich mit anderen Selbstständigen zusammenzuschließen. Kreativ sein mit vereinten Kräften. Mit einem Pop-up-Store zogen sie von Viertel zu Viertel.

Die Münchner waren so begeistert, dass sich bald ein fester Laden namens „Kaufhauskollektiv" in der „Hofstatt" lohnte. Heute heißt der bunte Concept-Store „Isar-Kollektiv" und ist im „Forum Schwanthalerhöhe" als ein kleines feines Lädchen zu finden. „Wir wollen, dass regionales Design und Handwerk eine Chance bekommt", sagt Mitinhaberin Heidi Nickel, die hier mit Taschen und Geldbeuteln vertreten ist, auf die sie ihr cooles Glücksmonster „Mojo" genäht hat. „Es geht uns vor allem um besondere Labels aus München und Bayern, die die Produkte entwerfen und meist auch selbst herstellen." Deshalb können Kunden viele Dinge auch individuell nach ihren Wünschen bestellen – so wie die großen, mit Stoff überzogenen Buchstaben. Das Label „chamue" zeigt seine witzigen „Paula"-Spieluhren in Form eines Nilpferds. Und vor den Stapeln des Retro-Geschirrs von „Fanteria" mit Tiermotiven überlegen Kinder und Erwachsene, ob sie sich pflegeleichte Hasen, Kraken oder Igel nach Hause holen sollen. Münchnerischer als „München im Quadrat" geht es dann schon nicht mehr. Dafür wagt der Fotograf Alex Habermehl einen unkonventionellen Blick auf die Orte und Wörter der Stadt.

Die Macher im „Isar-Kollektiv" stammen aus München und Umgebung. Und sie teilen alles miteinander: die Kosten und Risiken des Ladens, das Wissen über gute Vermarktung und Internetauftritte – und die Freude darüber, dass ihre Produkte, die überwiegend in München und ausschließlich fair produziert werden, so gut ankommen. Wer hier einkauft, bekommt ein Lieblingsstück made in Munich und jede Menge Inspiration.

- **„Isar-Kollektiv" im „Forum Schwanthalerhöhe", Schwanthalerstraße 11, 80339 München, Stadtviertel Westend, www.isarkollektiv.de**
- **ÖPNV: U4, 5, Haltestelle Schwanthalerhöhe, S1, 2, 3, 4, 6, 7, 8, Haltestelle Hackerbrücke**

Girls
Bee
BERLIN
MONACO
Freiheit

Standl-Liebe und Kaffee-Glück

8 *Frühmorgens am Viktualienmarkt*

Der Morgen hat etwas Magisches. Warum nicht mal den Wecker auf Sonnenaufgang stellen oder nach durchzechter Nacht einen Abstecher wagen – zum Beispiel auf den Viktualienmarkt. Um diese Zeit sollen hier schon Heiratsanträge gemacht worden sein.
Weil's so schee is: Morgens um sechs bei „Karnoll's Backstandl" einen frisch gebrühten Filterkaffee trinken und dazu gemeinsam an einer ofenfrischen Brezen knabbern. Die werden hier übrigens schon seit mehr als 40 Jahren und in zweiter Generation mit viel Liebe gebacken. Ein Mann vom städtischen Putzdienst fegt einmal quer über den Markt, zwinkert dem verliebten Pärchen zu und räumt weg, was von der Nacht übrig geblieben ist.
Seit mehr als 200 Jahren ist der Viktualienmarkt Aushängeschild für München wie das Bier für die Wiesn oder die Lederhosn für Bayern. Er ist *die* Einkaufs-Oase für Feinschmecker, beherbergt auf etwa 20.000 Quadratmetern mehr als 100 Händler, die in ihren Standln verkaufen, was das Herz begehrt: frisches Obst und Gemüse, Fisch und Fleisch, Backwaren, aber auch exotische Smoothies, Gewürze oder selbst gemachte Dips. Seit 2015 darf er sich zum immateriellen Kulturerbe Bayerns zählen – wie europaweit die Akropolis in Athen, das Schloss Neuschwanstein oder der Park von Versailles. Nicht zuletzt das macht ihn zum Anziehungspunkt für die Massen und zum Touristen-Hotspot Nummer 1 – im Normalfall! Deshalb gibt es nur einen Tipp: sich die Massen wegdenken, wegwünschen, wegzaubern oder eben einfach dann kommen, wenn noch keiner da ist. Voll und überlaufen? Gibt's in aller Herrgottsfrüh nicht. Dafür herrscht erholsame Ruhe. Es lässt sich vortrefflich mit den Marktleuten ratschen, die geschäftig ihrer Arbeit nachgehen, die Waren inspizieren, auslegen und sich auf den Tag freuen.
Übrigens: Wer nicht so früh aufstehen mag und lieber Latte macchiato oder Cappuccino statt Filterkaffee trinkt, geht an den Stand der Kaffeerösterei. Hier gibt's original Münchner Kaffee und die leckersten Florentiner der Stadt.

Viktualienmarkt, 80331 München, Stadtviertel Altstadt
www.muenchen.travel
ÖPNV: Alle S-Bahn-Linien und U3, 6, Haltestelle Marienplatz

seit 1903
stand 8
Frische Kräuter
Kräuter & Gewürze

Blauer Reiter – gelbes Rind

9 *Ein besonderes Bild im Lenbachhaus*

Orangefarbene Lichtröhren säumen wie Fackeln den Weg zum Lenbachhaus mit seinen hellblauen Neon-Lettern über dem Eingang. Der Neubau am Königsplatz sieht aus wie ein Würfel aus Bronze, der sich elegant an den ockergelben Altbau schmiegt, in dem einst der Maler Franz von Lenbach residierte.

Oben im zweiten Stock ist die Sammlung „Blauer Reiter" untergebracht, das Herzstück des Hauses. Der Künstlergruppe sind elf Kabinette gewidmet. Es soll aber Leute geben, die alles links liegen lassen, um es sich ganz hinten im Marc-Macke-Saal auf der ledernen Sitzgruppe gemütlich zu machen und ein glückliches Rindvieh zu betrachten.

Die temperamentvolle Kuh hat Franz Marc 1911 gemalt. Schon das Gelb macht einen fröhlich, wenn es mal draußen oder im Herzen regnet. Bewusst nahm Marc – „Töne grell und hoch wie eine Trompete", wie er es nannte – eine Farbe voller Lebensfreude, Dynamik und Weiblichkeit. Drum herum malte er der Kuh einen roten und einen grünen Freund. Sie alle haben im Bildhintergrund keinen engen, muffigen Stall bekommen, sondern einen weiten Kosmos, der glauben machen kann, es wären die ersten drei Rinder auf dem Mond. Wissenschaftlich belegt ist diese Theorie keinesfalls, aber schließlich darf jeder das denken, was ihm Freude macht. Wer würde nicht gerne so galant und ungeniert wie die springende Kuh in eine Besprechung platzen oder über die rote Ampel galoppieren? Sie wäre auch ein guter Internet-Hype. Ein wenig Photoshop, ein passender Hashtag, und das Rind würde montiert in lustige Zusammenhänge viral gehen. Und hätte Spaß daran.

Im Parterre der alten Lenbachvilla springen den Besucher keine Kühe an, sondern die hemmungslos bissigen Skulptur-Paraphrasen des Österreichers Erwin Wurm. Daneben, im verwunschenen Garten des Altbaus, können sich selbst Museumsverweigerer auf den Parkbänken kostenlos entspannen. Brunnen plätschern, sattes Pink blüht in Tontöpfen, an der Fassade klettert der Efeu empor. Beim Relaxen hat man ein Gefühl, als würde man seinen wohlhabenden Freund Franz besuchen.

Städtische Galerie im Lenbachhaus, Luisenstraße 33, 80333 München, Stadtviertel Maxvorstadt
www.lenbachhaus.de

ÖPNV: U1, 2, Bus 100, 150, Haltestelle Königsplatz, Tram 27, 28, Haltestelle Karolinenplatz, Tram 20, 21, 22, Haltestelle Stiglmaierplatz

Dschungel am Straßenrand

10 *Großstadt-Garteln mit „Green City“*

Eigentlich hat die Daiserstraße in Sendling nichts Idyllisches. Eine Straße ist sie halt, mit Häuserfassaden und vielen parkenden Autos. Wenn es sein muss, kann man da schon mal entlanggehen. Doch dann kommt man an eine Ecke, an der man nicht einfach nur so, sondern richtig gerne, ganz bewusst und auch immer wieder mit Freude vorbeispaziert. An einer Stelle nämlich werden die grauen Häuserschluchten in Farbe getunkt. Auf dem Gehweg an der Daiser-, Ecke Alramstraße blühen plötzlich Blumen, und Gräser wachsen so hoch, dass ein winziger Dschungel den Straßenrand zu einer grünen Oase macht. Früher wäre hier höchstens ein Baum mit ein bisschen Gras gestanden, an dem Hunde ihr Geschäft verrichtet hätten. Heute geht es vor allem um die Verschönerung des Stadtviertels und die Rückeroberung von Stein und Asphalt durch Pflanzen. Wer keinen Garten oder Balkon hat, freut sich über ein bisschen Natur vor der Haustür.

Etwa zum Jahrtausendwechsel muss alles begonnen haben. Mit wilden Bepflanzungsaktionen à la „Guerilla Gardening“ wollten Umweltaktivisten wie Silvia Gonzalez ein politisches Statement setzen – gegen die Stadt und ihren optischen Einheitsbrei. Sie haben es geschafft, dass sich Anwohner mit ihren Pflanzaktionen in ihrem Viertel noch wohler fühlen. Die Stadt unterstützt die ehrenamtlichen Gärtner sogar.

2009 startete die Umweltwissenschaftlerin Gonzalez mit dem Verein „Green City“ das Grünpatenprojekt. Münchner, die eine kleine Grünfläche bepflanzen wollen, können sich melden. „Green City“ koordiniert mit der Stadt zusammen die Patenschaften, von denen es inzwischen etwa 60 im ganzen Stadtgebiet gibt – ob in Schwabing, Giesing oder auch im Westend. Die Aktion macht auf nette Art die Stadt ein bisschen schöner, sie fördert den bewussteren Umgang der Menschen mit der Natur und das Zusammenleben in den Vierteln. Am Ende führt der grüne Dschungel am Straßenrand dazu, dass manch einer trotz der Häuserschluchten gerne in der Daiserstraße spazieren geht – und dafür vielleicht sogar einen Umweg in Kauf nimmt.

Dschungel in der Daiserstraße, 81371 München, Stadtviertel Sendling
www.greencity.de
ÖPNV: U3, 6, Haltestelle Implerstraße

Daiserstraße
P
Empfehlung

Monaco Franze lässt grüßen

11 *Das Café „Stenz“*

Der Stenz und die Frauen. Das ist so eine Sache. „Immer des G'schieß mit der Elli“, heißt es in der Münchner Kultserie „Monaco Franze – der ewige Stenz“. Kaum eine Figur hat München so verkörpert wie der Schauspieler Helmut Fischer in seiner Paraderolle als charmanter, leichtlebiger Frauenheld.

Ein Stenz ist er halt, sagen die Bayern. Immer den schönen Dingen im Leben zugewandt und dem weiblichen Geschlecht nicht abgeneigt. Und spätestens jetzt ist klar: Im „Stenz“ ist der Name Programm. Es ist Café, Deli, Bar. Münchnerisch ist es vor allem und einfach nur ein Ort zum Wohlfühlen.

Die Inneneinrichtung strahlt hell und freundlich in Orange. Knarzendes Fischgrätparkett auf dem Boden, in der Mitte des Lokals eine geflieste Bar. An der Wand hängen Karten mit Texten wie „Warum nicht einfach glücklich sein?“ oder „Der Clown ist die wichtigste Mahlzeit des Tages“ oder „Wer trödelt, hat mehr vom Leben“. Die Fensterfront lässt sich komplett öffnen. Auf der Stufe nach draußen liegen große und kleine Kissen und Bast-Teppiche zum Sitzen und Lümmeln – perfekt, um das Leben auf der Lindwurmstraße zu beobachten.

„Wir setzen auf Nachhaltigkeit. Alles hier stammt aus Bayern, selbst die Bilder an der Wand“, sagt der Besitzer Johannes Meyer, der den Laden zusammen mit seinem Bruder Matthias betreibt. Für die beiden ist das „Stenz“ eine Herzenssache mit allem, was die Heimat zu bieten hat. Tische und Stühle wurden in den Werkstätten bayerischer Schreiner gefertigt. Und auch alles andere ist ausschließlich aus dem Umkreis: Es gibt Chiemgauer Tee, Whisky vom Schliersee, Wodka und Rum aus der Oberpfalz und regionale Weine ebenso wie Omas Kuchen.

Dem Monaco Franze würd's gefallen. Und das Thema „Elli“ hätte endlich ein Ende. Denn das gleichnamige Frühstück mit „Bavarian Panini“, Birchermüsli und einem frischen Smoothie ist bestimmt kein „G'schieß“, sondern einfach nur gut.

Café „Stenz“, Lindwurmstraße 122, 80337 München, Stadtviertel Sendling
ÖPNV: Bus 132, Haltestelle Aberlestraße, U3, 6, Haltestelle Poccistraße

ETWAS
WENIGER
REALITÄT
BITTE
SUMMERDAY
LEMONAID+
stay
wild

Nur Fliegen ist schöner!

12 *Spielplatz für Riesen*

Es ist wunderbar. Dieses Kribbeln im Bauch. Wenn der Körper auf der Schaukel leicht und schwerelos wird. Einfach das Gewicht nach hinten fallen lassen, Füße ausstrecken, Schwung holen. Es geht vor und zurück, auf und ab, hoch – höher – am höchsten!
Als Kinder haben wir's geliebt, warum nicht auch später wieder mal Kind sein dürfen, zum Beispiel auf dem Spielplatz am Birketweg in Neuhausen! Für dieses unschlagbare Gefühl des Loslassens und Sich-frei-Fühlens hat das Baureferat dort vier überdimensionale Schaukeln aufgestellt und nebendran gleich noch zwei ebenso große Wippen, wie sie schon auf einer zentral gelegenen Grünanlage in Berlin für Aufsehen gesorgt haben.
Eigentlich richtet sich der Spielplatz zusammen mit dem nicht weit entfernten Skatepark am Hirschgarten ganz bewusst an Jugendliche, sagt man uns auf Nachfrage bei der Stadt München. Die wurden sogar bei den Planungen mit einbezogen und ihre Wünsche berücksichtigt. Ein Hoch auf die Basisdemokratie, denken wir Erwachsene, die wir doch auch große Kinder sind.
Und ab auf die Schaukel. Denn wissenschaftliche Erkenntnisse zeigen: Das sachte Wiegen macht glücklich, die positive Stimulation des Gleichgewichtsorgans sorgt für Wohlbefinden. In manchen Fällen kann das beruhigende Hin und Her sogar Schmerzen lindern, das haben Studien bewiesen. Also: einfach mal unbeschwert abhängen, sich fallen lassen, nur bei sich sein. Der Spielplatz am Birketweg ist genau richtig, um dem Alltag zu entfliehen. Ein bisschen versteckt liegen die Riesenschaukeln gleich neben den Bahnschienen.
Schon der Weg dorthin ist übrigens durchaus entspannt. Denn hier macht München seinem Titel als Radlhauptstadt alle Ehre. Über rund acht Kilometer verläuft ein Fuß- und Radweg quer durch die Stadt. Radfahrer können vom Hauptbahnhof über Laim stadtauswärts bis nach Pasing strampeln – fast komplett ohne Ampeln, Kreuzungen und Autos.

Spielplatz für Riesen, Birketweg 42, 80639 München, Stadtviertel Neuhausen-Nymphenburg
ÖPNV: S1, 2, 3, 4, 6, 7, 8, Haltestelle Donnersbergerbrücke, Bus 53, 63, Haltestelle Donnersbergerbrücke, Tram 16, 17, Haltestelle Burghausener Straße

Illustre Gestalten

13 *Der Kiosk an der Reichenbachbrücke*

8 – 23 – 20. Die drei Zahlen beschreiben auf einfache Weise, was in München seit 1999 Kult ist. Rund acht Quadratmeter müsste er in etwa groß sein, und obwohl er 23 Stunden am Tag geöffnet hat, sind Menschenschlangen von mehr als 20 Metern bis auf die Kreuzung Fraunhofer-, Ecke Wittelsbacherstraße keine Seltenheit.
Der Kiosk an der Reichenbachbrücke ist legendärer Treffpunkt in München. Und man könnte die Zahlen endlos weiterführen: 365 Tage im Jahr hat der selbst ernannte Treffpunkt-Kiosk geöffnet. Er verkauft mehr als 2.200 Artikel, bestätigt Besitzer Harald Guzahn stolz. Dabei gibt's unter anderem Bier aus aller Welt – 330 verschiedene Sorten.
Und wer jetzt denkt, hier treffen sich nur die Bierdimpfel (so nennt der Bayer Menschen, die gewohnheitsmäßig gerne mal einen über den Durscht trinken), der täuscht sich schwer. Es sind vor allem die Nachtschwärmer und An-der-Isar-Flanierer, die sich ein „Tegernseer"-Bier samt Schnitzelsemmel holen und dann an die Isarauen weiterziehen. Neureiche und Sandler sind Stammgäste, Jung genauso wie Alt. Frühaufsteher und Glockenbach-Anwohner nehmen nach dem Joggen noch frische Semmeln zum Morgenkaffee mit – oder sie ordern den Cappuccino gleich dazu. Und wer es nicht mehr bis 20 Uhr in den Supermarkt geschafft hat, bekommt hier auch Glühbirnen, Speiseöl, Eier, Zahnpasta, Prepaid-Karten fürs Handy und noch vieles mehr – nahezu rund um die Uhr. Nur eine Stunde wird zugesperrt. Denn zwischen fünf und sechs Uhr heißt es: Putzen und Ware sortieren.

TIPP

Für Faule bietet der Kiosk auch einen Lieferservice. Die Stimmung an der Reichenbachbrücke fehlt dann aber.

Die für München so einmaligen G'schichten und das bunte Stelldichein mehr oder weniger illustrer Gestalten machen den Kiosk so liebenswert. Wenn der Penner um acht Uhr früh einem Studenten 1,80 Euro in die Hand drückt und ihn bittet, ihm einen Wodka mitzubringen, weil er selbst keinen mehr kriegt. Und der junge Mann dann gutmütig, aber leicht verschämt den Schnaps und dazu noch eine Tageszeitung bestellt, weil's eh scho wurscht is!

Kiosk an der Reichenbachbrücke, Fraunhoferstraße 46, 80469 München, Stadtviertel Glockenbachviertel
www.kiosk-muenchen.de
ÖPNV: U1, 2, Tram 17, Bus 132, Haltestelle Fraunhoferstraße

KIOSK
ERDINGER Weißbier
SPRIZZERO
Deine 24h
Mini DROGERIE

Ein bisschen Frieden

14 *Das Georg-Elser-Denkmal*

München zündet jeden Abend eine Bombe gegen Hitler. Punkt 21.20 Uhr geht sie direkt vor einer Grundschule hoch. Dann steigt ein Feuerball in die Nacht und wirft seinen grellen Schein auf die feiernden und essenden Menschen in den umliegenden Restaurants. Nach einer Minute liegt wieder alles im Dunkeln. Mitten im Univiertel hat Künstlerin Silke Wagner ihre Fassadeninstallation angebracht, die im Hellen des Alltags fast unsichtbar wird. Schwer zu erkennen auch, was da genau steht. Umso mehr Wucht bekommt die Lichtkunst, wenn der Tag zu Ende geht: Elemente aus Aluminium und Neonröhren ergeben den Schriftzug „8. November 1939“. Zusammen bilden Buchstaben und Ziffern einen Kreis und werden nacheinander blutrot beleuchtet, sodass der Eindruck einer Detonation entsteht. Der davorliegende Platz im Kneipeneck rund um die Türkenstraße ist nach Georg Elser benannt. Der junge Schreiner hatte in seiner Wohnung wenige Häuser weiter einen gefährlichen Plan verfolgt. Er bastelte eine Bombe für Hitler.
Jeden Abend ging Elser in den Bürgerbräukeller in Haidhausen, versteckte sich zur Sperrstunde in einem Lagerraum und ließ sich einschließen. In mehr als 30 Nächten grub er einen Hohlraum in eine Säule, in die er einen Sprengkörper einbaute. Hitler gedachte in der Traditionsgaststätte wie jedes Jahr am 8. November des Putschversuchs von 1923. Um 21.20 Uhr explodierte die Bombe in dem Pfeiler direkt hinter dem Rednerpult und tötete acht ranghohe Nationalsozialisten. Die Tragik: Hitler selbst hatte den Ort früher als üblich verlassen.
„Ich habe den Krieg verhindern wollen“, sagte Elser, der an der Grenze zur Schweiz verhaftet wurde. Nazis erschossen den Regimegegner 1945 im Konzentrationslager Dachau. Historiker glauben: Hätte es Hitler erwischt, hätte es den millionenfachen Mord an Juden nicht gegeben. Deutschland wäre nicht zerstört und geteilt worden.
Lange wurde Elser eine Anerkennung als Widerstandskämpfer versagt. Weil man einem Handwerker den Mut und die Weitsicht nicht zutrauen wollte. Bis die Erleuchtung kam. In roten Lettern mitten im Univiertel.

Georg-Elser-Platz, 80799 München, Stadtviertel Maxvorstadt
ÖPNV: U3, 6, Haltestelle Universität, Bus 153, 154, Haltestelle Türkenstraße

Inmitten der Massen-Wellness

15 *Der Biergarten „Augustiner-Keller“*

Besonders frei und wohl fühlen sich die Münchner im Biergarten. Im Schatten prächtiger Kastanien suchen sie sich einen Biertisch, packen gesalzene Radieserl aus, Weintrauben, Fleischpflanzerl und drapieren Pappteller neben Schüsseln. Dazu kaufen sie am Ausschank des Augustiner-Kellers eine Maß Bier oder ein Radler, holen sich in der Schmankerlgasse einen knusprigen Steckerlfisch, bestellen einen Obatzdn mit Zwiebeln und – wichtig – eine Brezen in der Größe einer Familienpizza. Wer keinen freien Tisch findet, setzt sich einfach zu den anderen dazu, isst ein bisschen mit und schließt neue Freundschaften. Dazu passt auch die Aufschrift auf dem T-Shirt eines Mannes: „What happens in the Biergarten, stays in the Biergarten“. Denn auch im Biergarten kann es schon mal so wild zugehen wie in einem Wiesn-Zelt. Im Augustiner-Keller zum Beispiel gibt es Blasmusik-Flashmobs und Gäste, die kein Ende kennen und über den Zaun nach draußen klettern müssen, weil das Türl am Ausgang längst verrammelt ist.

Hier wird das Bier noch ganz traditionell vom Holzfass gezapft. Augustiner-Bier gilt als absolut trinkfähiger Gerstensaft – eine wichtige Glaubens- und Imagefrage in der bayerischen Landeshauptstadt. Der hübsche und zentral gelegene Biergarten ist deshalb sehr beliebt und gilt als der münchnerischste und älteste von allen.

Hier mischen sich fremde und bekannte Leute, um gemeinsam zu ratschen, zu feiern, aber auch um aufzutanken und sich einmal richtig zu entspannen. Kinder toben auf dem Spielplatz. Das ist Münchner Massen-Wellness – was bei imposanten 5.000 Sitzplätzen überraschen mag. Doch unter mehr als hundert Kastanien gelingt solch lässige Gemütlichkeit wunderbar. Die Bäume wurden gepflanzt, damit ihr Schatten das im Eiskeller gelagerte Gebräu kalt hält. Alles ist erlaubt – nur kein warmes Bier. Darum gilt: Eine Maß schnell trinken, sonst schmeckt sie lack, also abgestanden. Lieber eine Halbe bestellen – oder eine halbe Halbe. Die heißt in Bayern „Schnitt“ und ist ein herrlich inkonsequenter Kompromiss aus noch einem Bier und doch keinem Bier mehr.

Augustiner-Keller, Arnulfstraße 52, 80335 München, Stadtviertel Maxvorstadt
www.augustinerkeller.de und www.muenchen.travel

ÖPNV: U1, 2, 4, 5, Haltestelle Hauptbahnhof, S1, 2, 3, 4, 6, 7, 8, Haltestelle Hackerbrücke, Tram 16, 17, Haltestelle Hopfenstraße

Ha-Ha statt Hof-Tamtam

16 *Hinten im Nymphenburger Park*

Im Westen der Stadt fließt ein kleiner Kanal, gesäumt von Kastanienalleen und Stadtvillen. Sein Ende findet er in einem See mit Springbrunnen und Schwanenfamilien direkt vor Schloss Nymphenburg. Die frühere Sommerresidenz der Wittelsbacher imponiert mit ihrer schier endlosen Häuser-Fassade am Eingang und der barocken Parkanlage dahinter, die größer ist als die von Versailles. Wohin man blickt: Idylle in Fülle, Pracht, Prunk und Kristall, Gold und Schnörkel, die Statuen in Stein gemeißelt, die Buchse in Form getrimmt. Aber wie es am Hofe so ist: Bei so viel Perfektion wurde auch das Häufchen Glück zusammengekehrt und wegpoliert.

Es findet sich weiter hinten im Park, von wo aus das Schloss nicht mehr zu sehen ist. Dort blättert Lack von den Parkbänken, Unkraut sucht sich eine Daseinsberechtigung zwischen alten Bäumen, und alles kommt echter, entspannter daher. Mal strawanzt das Glück durch ein Dörfchen mit fünf Bauernhäusern. Mal huscht es um die Pagodenburg herum, um den Uhu zu suchen, der droben in den Bäumen brüten soll. Und ziemlich sicher begegnet man ihm, wenn man wenige Meter weiter durchs Geäst steigt und an einem versteckten Häuschen heimlich Zeitung liest und dazu seinen Thermoskannen-Kaffee genießt.

Und wie sollte es anders sein? Auch auf den Ha-Has im Südwesten springt das Glück über die Brennnesseln. Aha! Ha-Ha? Ein offizieller Begriff aus der Gartenkunst des 18. Jahrhunderts. Gemeint ist eine tiefer gelegte Mauer, die deutlich unter dem Niveau des übrigen Geländes liegt. Auf der einen Seite stützt sie das Erdreich ab, auf der anderen Seite entsteht ein Graben mit einer steilen Böschung. An vier solchen Stellen im Park kann man bei einer Flasche Wein herrlich verweilen. Pärchen erzählen sich von verzwickten Familienverhältnissen, peinlichen Momenten oder machen sich bei Sonnenuntergang einen Heiratsantrag. Ja! Und hüpfen dann verrückt vor Glück über das Ha-Ha.

TIPP Im Winter kann man auf dem See an der Badenburg Schlittschuh laufen – romantischer als auf dem Nymphenburger Kanal.

Schlosspark Nymphenburg, 80638 München, Stadtviertel Nymphenburg
www.schloss-nymphenburg.de/deutsch/park
ÖPNV: Tram 17, Haltestelle Schloss Nymphenburg, Bus 51, Haltestelle Schloss Nymphenburg, Tram 12, 16, Haltestelle Romanplatz, U1, 2, Haltestelle Gern

Verliebt, vergilbt, verhaftet

17 *Das „München72“*

Abgeschrammte Turnmöbel, Vintage-Lampen und Zuckerdöschen mit orange-braunem Muster. Das ist „schee greislig“, wie der Bayer sagt. Vor allem aber ist es der olympische Charme von München72 – und genauso heißt eine Bar im Glockenbachviertel. Wie einst in der Sporthalle reihen sich Sprungböcke aneinander, von denen man noch heute an fröhlichen Abenden einen unerwarteten Abgang machen kann.

Am Ende des Gastraums hängt ein Bild des ausverkauften Olympiastadions. Alles ist im 70er-Jahre-Stil gehalten, bis hin zur Ketchup-Flasche und zum Bonanza-Rad, das der Chef Tom Zufall an die Wand genagelt hat. Nur der Röhrenfernseher, der in Endlosschleife die Eröffnungsfeier der Spiele zeigte, hat es nicht mehr gepackt. Er ist durchgebrannt.

Sonst wird eher angebandelt. In dem Laden mit Wohnzimmercharakter haben schon große Lieben begonnen. Hier sind die Tische enger beieinander als Po und Stange beim Hochsprung. So kommt man sich näher, auch wenn man sein Gegenüber im vollen Lokal nur schwer versteht. Aber im „München72“ treffen sich ohnehin die Unkomplizierten.

Vormittags ist es ruhig. Dann gibt's ein Ringer-Frühstück mit Bratkartoffeln, Rührei und Speck, ein Radler-Frühstück mit gebratenem Bauernbrot plus Bio-Spiegelei oder das Gewichtheber-Frühstück mit viel Wurstaufschnitt. Junge Eltern genießen Kaffee und Kuchen am liebsten draußen in der Nachmittagssonne, während der Nachwuchs im Kinderwagen schlummert oder auf dem Gehweg spielt. Am Abend folgen die Arbeitskollegen, die zum Burger ein Tegernseer bestellen. Später schauen die Leute vorbei, die nach ein paar Longdrinks in die umliegenden Clubs wie das „Milla“ weiterziehen.

Der Höhepunkt der Woche ist der Sonntag. Dann wird aus einem Turnkasten an der Decke der Tatort an die Wand gebeamt. Vor Beginn bestellen Gäste gern ein Radler, das im Keferloher serviert wird: einem Steinkrug, der es lange kühl hält. Bei den Schinkennudeln ist das wurscht. Der Klassiker des Hauses schmeckt sogar kalt wunderbar, wenn die Gäste vor lauter Mord oder Liebe das Essen vergessen.

Bar „München72“, Holzstraße 16, 80469 München, Stadtviertel Ludwigsvorstadt-Isarvorstadt
www.muenchen72.de

ÖPNV: U1, 2, 3, 6, 7, 8, Haltestelle Sendlinger Tor, Bus 62, Haltestelle Stephansplatz, Tram 17, Haltestelle Müllerstraße

Reserviert

Träumereien vor den Toren

18 *Der Roecklplatz*

Die herrschaftlichen Eingangstüren und die hohen Fassaden der oftmals denkmalgeschützten Häuser machen das Dreimühlenviertel besonders. Von den Bauten rund um den Roecklplatz geht eine spezielle Aura aus. Am deutlichsten spürt man das, wenn man sich auf einer Bank gleich beim Kinderspielplatz niederlässt und in aller Ruhe das Treiben ringsum beobachtet.

Die Sonne wirft ein goldenes Licht entlang der Ehrengutstraße und strahlt gegenüber auf ein Klingelschild aus Messing. Die Eingangstür in vornehmem Braun steht einen Spalt offen. Kinderstimmen hallen durch den Treppenaufgang. Sie lenken aber nicht weiter ab, verleiten vielmehr zum Innehalten und Sich-geborgen-Fühlen. Die Eisdiele nebenan ist gut besucht. Viele kommen, nur um eine Kugel selbst gemachtes Erdbeer-Eis zu genießen. Der italienische Kellner bespaßt die Gäste und passt akribisch auf, dass die Kinder die Straße sicher kreuzen, wenn sie auf den Spielplatz wollen.

Bäcker, Blumenladen, Ateliers und etliche Restaurants beleben den Ort, der nach dem dort ansässigen Münchner Taschen- und Handschuhhersteller benannt wurde. Das geschäftige Treiben und der dörfliche Charme, viel mehr aber noch das bauliche Ensemble – aus Stein und mit Geschichte – machen den Roecklplatz zu etwas Besonderem. Malerisch liegen die Gründerzeithäuser an der Straße. Diese ist größtenteils aus historischem Kopfsteinpflaster. Am Eck steht ein zierlicher Brunnen, mit einer runden Steinschale und jugendstilartigen Verzierungen in Moosgrün und Gold. Er wurde 1908 von dem Kunstmaler Friedrich Delcroix entworfen.

TIPP

Das Lokal „Roecklplatz" ermöglicht Menschen aus schwierigen Verhältnissen eine gastronomische Ausbildung.

Immer wieder bleibt der Blick aber vor allem an den Hauseingängen haften. Die Türen in den teilweise frisch renovierten wilhelminischen Hausfassaden sind meist eher Tore mit majestätischen Flügeln. Hinter schmiedeeisernen Ziergittern sind Milchglasfenster eingefasst, die die wohlig warme Sicht verklären und einfach nur zum Träumen einladen.

Roecklplatz, 80469 München, Stadtviertel Ludwigsvorstadt-Isarvorstadt
www.roecklplatz.de
ÖPNV: Bus 132, Haltestelle Roecklplatz

19a
Ehrengutstr.
19
Ehrengutstr.

Joggen über Grab und Stein

19 *Der Alte Nordfriedhof*

Es ist schon ungewöhnlich, dass Lauf-Unternehmen wie „Runners Point" einen Friedhof als Trail-Strecke empfehlen. Und anfangs kommt es einem tatsächlich seltsam vor, zwischen Gräbern und Engelsstatuen seine Jogging-Runden zu drehen. Aber der Alte Nordfriedhof ist wie dafür gemacht: Er liegt zentral, hat Kieswege und wunderbares Grün.
Pietätlos? Trauernde stört man hier nicht. Das letzte Begräbnis erfolgte vor 70 Jahren. Kreuze werden von Efeu umrankt und vom Moos erobert. Auf den Grasflächen sonnen sich in der Mittagspause Studenten. Ältere Herrschaften lesen auf den Bänken ihre Zeitung. Mütter kuscheln mit ihren Babys auf einer Picknickdecke, und drum herum nutzen Sportler die romantische Umgebung als Trainingsrevier.
Riesig ist der Friedhof nicht. Eine Runde entlang der Mauer macht etwa 800 Meter aus. Doch man kann variieren: Erst die große, quadratische Runde, vorbei am angrenzenden Spielplatz und den Bodenschachfeldern, dann im Kreuz über die Mittelwege oder Abstecher auf den schmalen Pfaden zwischen den Hauptwegen. Selbst ab Runde 10 oder 20 entdecken Jogger neue Details: alte Vornamen, die wieder in Mode kommen, klangvollen Adel wie Max von Montgelas und Joseph Molitor von Mühlfeld, den Schriftsteller Hermann Lingg oder Carl von Thieme, den Gründer der Münchner Rück- und Allianzversicherung. Dazwischen: halb verwitterte Statuen, auf denen Vögel ihr Gefieder putzen, und überdimensionierte Grabsteine mit herrlich antiquierten Berufsbezeichnungen.
Die Anlage wurde als zweiter Friedhof Münchens gebaut, weil auf dem Alten Südfriedhof die Plätze ausgingen. Nach 1868 fanden hier die Toten der Stadt ihre letzte Ruhe. Mit der Machtübernahme der Nationalsozialisten wurde der Friedhof infrage gestellt: Das NS-Regime wollte München zur „Hauptstadt der Bewegung" machen und die Isabellastraße mit der Luisenstraße verbinden, um daraus eine Prachtallee zu Hitlers Alterssitz in Schwabing zu errichten. Dieser Idee stand trotzig der Alte Nordfriedhof im Weg. Und da steht er noch immer und zeigt sich von seiner friedlichen, lebendigen Seite.

Alter Nordfriedhof, Arcisstraße 45, 80799 München, Stadtviertel Maxvorstadt

ÖPNV: U1, 2, Haltestelle Josephsplatz, Tram 27, 28, Haltestelle Schellingstraße, Bus 153, 154, Haltestelle Arcisstraße

Ein Ort für Sozialstudien

20 *Eine Boazn namens „Geyerwally“*

Voll ist es. Kein Wunder. Der Platz in der „Geyerwally“ hält sich in Grenzen. Um den Holztresen hat sich eine Menschentraube gebildet. Es gibt Barhocker, doch die meisten stehen gerne und ordern ein Bier. Man könnte meinen, dass sich in Boazn wie dieser nur Bierdimpfel und Übriggebliebene treffen. Dabei ist es ein Mikrokosmos, der sich in der kleinen Eckkneipe im Glockenbachviertel auftut.

Man kommt sich vor wie in einem Partykeller aus den 80ern. An den Wänden hängen Postkarten, Luftschlangen und Blechschilder mit speziell-witzigen Sprüchen. Der obligatorische Spielautomat darf nicht fehlen. Jung und Alt treffen sich, die Nachbarn aus der Straße. Wer Hilfe braucht, bekommt sie. In der „Geyerwally“ sitzt der Elektriker lange nach getaner Arbeit neben dem Architekten, und man fachsimpelt über den ausgebliebenen Elfmeter vom vergangenen Bundesligaspiel. Im hinteren Eck spielt eine Gruppe von Mittdreißigern Schafkopf. Am Nachbartisch schweigen sich zwei Jungs an, oder vielleicht hören sie einfach nur Ricchi e Poveri's Hit „Sarà perché ti amo“ zu, der aus den Lautsprechern erklingt. Der Wirt ist Seelentröster, manchmal auch Schiedsrichter. Er kümmert sich liebevoll um seine Gäste, versorgt sie mit Erdnüssen. Jeder wird herzlich begrüßt – auch der Rosenverkäufer auf seiner späten Verkaufstour. „Servus, bist ja scho wieda do!“

TIPP Auch schön – eine Boazn-Tour: „Otto“ in Schwabing, „Dagmar“ in Sendling, „Johannis Café“ in Haidhausen.

Es ist spät in der Nacht. Doch der Abend ist erst zu Ende, wenn der letzte Gast freiwillig nach Hause geht. Man hat sein frisch gezapftes Bier vor sich stehen und längst vergessen, dass man nur kurz einkehren wollte, weil man den Bus verpasst hat. Vor allem die Jüngeren schätzen mittlerweile den ungezwungenen Charme der Eckkneipen – weil man sich hier einfach wie im eigenen Wohnzimmer fühlt. Und das ist besser als hippe Sushi-Häppchen oder der Party-Grieche gegenüber. In Boazn wie dieser wird man nicht nach der Farbe der Kreditkarte kategorisiert – hier zahlt eh jeder bar.

„Geyerwally“, Geyerstraße 17, 80469 München, Stadtviertel Glockenbachviertel
ÖPNV: Bus 58, Haltestelle Baldeplatz

DER WEG DER MASSLOSIGKEIT FÜHRT IN DEN PALAST DER WEISHEIT
Bier
Bier 3,-
Longdrink 7,50
Schorle 4,-
Wein 4,50
INSTITUT für FORTBILDUNG
RAINER

Ein Garten der Ruhe

21 *Innenhof in der Maistraße*

Mitten in der Stadt gibt es nirgendwo sonst einen schöneren Innenhof als den in der Frauenklinik in der Maistraße. Vom Lärm der Lindwurmstraße ist nichts zu hören. In dem rund 4.000 Quadratmeter großen Garten mit Mandelbäumen, Rosen und Buchsbaumhecken haben Patientinnen über Jahrzehnte ihre dicken Bäuche herumgetragen und frischgebackene Mütter mit ihren Babys die eine oder andere Runde um den Brunnen in der Mitte gedreht. Aufgeregte werdende Väter können auf einer der zahlreichen Bänke Platz nehmen und kurz innehalten.
2016 feierten die ehrwürdigen Hallen, die extra für den Zweck einer Frauenklinik geplant und errichtet wurden, ihr 100-jähriges Bestehen. Die halbe Stadt scheint hier geboren worden zu sein. Und das heißt was: Denn in München herrscht Babyboom, seit Jahren knacken die Münchner ihren Geburtenrekord jedes Jahr aufs Neue. Die Zahlen zeigen: Rund 200.000 Münchner Babys sollen zwischen Goetheplatz und Sendlinger Tor das Licht der Welt erblickt haben. Und tatsächlich könnte der erste Kontakt eines neuen Erdenbürgers mit dieser Welt kaum schöner sein.
Die hohen Decken der Klinikräume und -gänge vermitteln fast schon Palast-Feeling. Überall finden sich Wandreliefs, Statuen und Büsten. In der Architektur des Gebäudes vereinen sich Klassizismus, Spätbarock und Jugendstil. Und überhaupt: Wer kann schon von sich behaupten, sein Kind in einem denkmalgeschützten Kreißsaal – zwar nicht weniger schmerzgeplagt, aber wenigstens in stilvollem Ambiente – auf die Welt gebracht zu haben?
Riesige Fenster sorgen für üppiges Licht drinnen und ermöglichen einen fantastischen Blick nach draußen auf den wunderbaren Innenhof. Mit dem Umzug der Frauenheilkunde ein paar Häuser weiter kommen jetzt die Institute für Mathematik, Informatik und Statistik der Ludwig-Maximilians-Universität in den Genuss des Gartens. Es herrscht erholsame Ruhe, und die tut ja wohl jedem gut – egal ob Baby, Student oder einfach nur Genießer!

Frauenklinik in der Maistraße, Maistraße 11, 80337 München, Stadtviertel Isarvorstadt
ÖPNV: U3, 6, Haltestelle Goetheplatz

Semmeln mit Spaghettisoß'

22 *Der Bäcker Neulinger*

Ludwig Neulinger ist ein Backwaren-Verrückter. Schon in ihrer niederbayerischen Bäckerei stellten die Eltern dem Jungen nachts einen Liegestuhl vor die Öfen – er konnte nicht ohne Backstube sein, umso mehr aber ohne Backmischungen. Und als er den Laden in der Volkartstraße übernahm, ersetzte er alles durch eigene Rezepte. Jetzt schmecken seine Brezen und Brote wie damals in Niederbayern.

Die Vielfalt im Stammhaus in Neuhausen ist schier endlos. Schusterbuben, Römer, Maurer, Rohrnudeln, Apfelstrudel, „genetztes Brot" aus hellem Sauerteig, italienisches Brot und französisches Baguette. Zu kaufen gibt es alles – bis hin zum Semmelnknödelnbrot, wie es Neulinger frei nach Karl Valentin nennt. Der charmante Wortwitz des Chefs und seine ehrliche Art erinnern an den bayerischen Volkshelden.

Eine Kundin ist an diesem Morgen durch drei Stadtteile zu Münchens bestem Bäcker geradelt. Der Neulinger müsse endlich einen Laden in Bogenhausen eröffnen, sagt sie, während sie Croissants und Brezen in ihrer Tasche verstaut. „Das ist wie mit den Spaghetti und der Soß'", entgegnet Neulinger: „Am Ende hat man immer zu viel von dem einen und zu wenig von dem anderen. Wenn's passt, muss man aufhören."

Was er meint? Fünf Läden reichen. Sein jüngstes Geschäft am Schlachthof hat eine Backstube dazubekommen. Im riesigen Ofen werden nun genug karamellfarbene Brezen und Laibe mit röscher Kruste gebacken, um auch noch die Kundschaft in seiner Bäckerei an der Adlzreiterstraße glücklich zu machen. Dort hätte es übrigens auch Einstein geschmeckt, der in Hausnummer 12 aufgewachsen ist. Aus der Villa im Hinterhof versorgte die Firma Einstein im 19. Jahrhundert das Oktoberfest und den Stadtteil Schwabing erstmals mit Strom und Licht.

Erfindergeist und Leidenschaft sind Ludwig Neulinger geblieben. Bei Führungen erklärt er, wieso die Breze drei Löcher hat. Und auf besonderen Wunsch hin kreiert er eine riesige Hochzeitsbreze, die ein Ehepaar mit den Fingern auseinanderhakeln darf. Dafür steht er gerne um Mitternacht auf. Nachts kann er nicht ohne Backstube sein.

Bäcker Neulinger, Volkartstraße 11 und 48, 80636 München, Stadtviertel Neuhausen; Wörthstraße 48, 81667 München, Stadtviertel Haidhausen; Adlzreiterstraße 21, 80337 München, und Gotzinger Straße 48, 81371 München, Stadtviertel Sendling, www.baeckerei-neulinger.de

ÖPNV: U1, 2, Haltestelle Rotkreuzplatz, Tram 12, 16, Bus 53, 62, 63, 144, Haltestelle Volkartstraße

Frühstück
Französisch
2,50
kleines Frühstück
4,50
Vital Frühstück
6,50
Kaffee zum Mitnehmen
Cappuccino
2,95
3,20

Allzeit auf der Sonnenseite

23 *Tennis, Hockey, HC Wacker*

Es staubt, wenn der rote Sand auf den Schuhen allmählich wieder abfällt. Viel Klopfen und Stampfen bringt nichts. Längst haben sich die Ränder der vormals weißen Socken eingefärbt, so wie es sich nun mal gehört für diese Sportart. Es war ein hartes Match. Das T-Shirt ist schweißnass. Müde trottet Christian von Platz fünf am anderen Ende der Anlage nach vorne. Er wirft Tennisschläger und Tasche auf den Boden, ordert eine Maracuja-Schorle und gleich noch einen Cappuccino dazu. Dann tief durchatmen und ab sofort nur noch genießen!

Denn jetzt kommt das Beste, was Sport beim HC Wacker zu bieten hat: Nach dem Spiel auf einer der wunderbarsten Terrassen in ganz München entspannen. Rundherum steht kein Haus im Weg. Deshalb gibt's Sonne, den ganzen – wirklich den ganzen – Tag!

Wer Lust auf Tennis hat, muss übrigens nicht gleich Mitglied des HC Wacker werden. Auf der Anlage können Gäste jederzeit einen Tennisplatz draußen oder in der Tennishalle buchen.

Wer will, kann den Sport aber auch ganz weglassen und gleich zum gemütlichen Teil auf der Terrasse übergehen. Links der Blick über die Tennisplätze, rechter Hand wird Hockey gespielt – die Begegnungen sind in jedem Fall hochklassig. Und das waren sie schon immer. Sport in München muss nicht immer nur FC Bayern heißen. Die Vereinsgeschichte des HC Wacker ist lang: 1890 ging's los, damals als „Fahrrad Club Monachia". Erst 1911 wurde er zum Hockeyclub, war aber von da an vorne dabei: in der Bundesliga, bei bayerischen, süddeutschen und deutschen Meisterschaften. 1966 kam die Tennisabteilung dazu, die mit heute bis zu 16 Mannschaften immer weiter und hochklassiger ausgebaut wurde. Da ist man dann auch als Fan engagiert bei der Sache. Wenn man will. Man muss aber nicht. Und das ist das Schöne auf der Anlage des HC Wacker. Zuschauen, selber spielen oder sich einfach nur zurückziehen und erholen. Alles ist möglich. Mit einem Cappuccino, einer Schorle und ganz viel Sonne!

HC Wacker, Demleitnerstraße 4, 80371 München, Stadtviertel Sendling
www.hcw.de
ÖPNV: U6, Haltestelle Harras, U3, Haltestelle Brudermühlstraße

Wilson

Unsichtbarer Freund

24 *Die Heimat von Pumuckl*

Das Lehel rund um den Mariannenplatz ist die Heimat von Pumuckl. Hier ist der rothaarige Kobold für den Vorspann der Serie über die Dachziegel gehüpft, aus Gauben geklettert und hat sich die gelben Buchstaben geschnappt, die sich vor dem Münchner Panorama drehten: Allerheiligenkirche, Schornstein, Peterskirche, Fernsehantenne, altes Rathaus, neues Rathaus, Frauenkirche.

Die leise Musik einer Zither nimmt einen noch mit hinein in die Schreinerei von Meister Eder, der mit Schiebermütze auf dem Kopf ein Holzbein drechselt. Dazwischen schnalzt wie eine Peitsche die sich überschlagende Stimme des Kobolds, für die Hans Clarin mit Hingabe seine eigene ruinierte. Die Werkstatt stand in einem Hinterhof an der Widenmayerstraße 2. In Wirklichkeit war sie ein heruntergekommenes Kutscherhäuschen. Eder-Darsteller Gustl Bayrhammer setzte sich nach Ende der Dreharbeiten gegen dessen Abriss und den weiterer wunderschöner Altstadthäuser im Viertel ein – erfolglos.

Was mehr als 30 Jahre später von den authentischen Kulissen geblieben ist, zeigt Sebastian Kuboth in seinen beliebten Pumuckl-Führungen: den Kabelsteg vor der Lukas-Kirche, wo Eder und sein unsichtbarer Freund einen inspirierenden Hund treffen. Oder die Polizei in der Hochbrückenstraße, wo der Schreinermeister in der Folge „Pumuckl und die Schatzsucher“ sein Taschenmesser abholt. Hofeinfahrten, Fenster, Briefkästen oder das Gebäude, wo Pumuckl zur Schule ging. In „Der große Krach“ trottet der Kobold traurig durch die Preysingstraße im inzwischen hippen Stadtviertel Haidhausen, wo auch viel gedreht wurde.

Die Geschichten sind Kult – auch weil sie aus heutiger Sicht viel Verbotenes haben: Pumuckl trinkt Bier, wird zur Strafe in ein Kästchen gesteckt, Meister Eder droht Kindern Prügel an, Frauen tragen echten Fuchs. Pumuckl ist eine spätere Zensur wie bei Pippi Langstrumpf oder anderen Kinderfilmen erspart geblieben: All das durfte bleiben als ein Dokument seiner Zeit und dieser Stadt. Die Schreinerei mag inzwischen unsichtbar sein. Pumuckl bleibt. Als ungezähmte Seele unserer Kindheit.

▶ Kirche St. Lukas, Mariannenplatz 3, 80538 München, Stadtviertel Lehel, Führungen von Sebastian Kuboth unter www.drehorte-muenchen.de

▶ ÖPNV: Tram 18, Haltestelle Mariannenplatz, Tram 16, Haltestelle Gasteig, S1, 2, 3, 4, 6, 7, 8, Haltestelle Isartor

Utopie mit Holzhaus-Szenerie

25 *Das „Milchhäusl" im Englischen Garten*

Im Englischen Garten müsste es ein würfeliges Holzhaus geben, mit einem Dach obendrauf, auf dem sich übers Jahr das Moos und im Winter der Schnee sammeln. Es bräuchte nicht groß zu sein, aber es müsste einen Garten nebendran haben, in dem Hängematten zwischen Bäumen schaukeln. Es wäre Münchens erster Bio-Biergarten. In Sichtweite müsste ein Spielplatz mit Klettertürmen und Wasserbrunnen her. Bei Hofbräu-Bier und Öko-Tabak könnten ganz entspannt zwei Menschen anbandeln, die sich nie wieder loslassen würden.

Das Haus hätte eine grüne Holztäfelung und viele Türen und Luken, durch die man in den Park mit Spaziergängern und Hunden gucken könnte. Durch die Fenster könnte man Essen und Trinken nach draußen reichen, das bio sein müsste. Es gäbe „Kasspatzn im Pfandl" oder Krusterl, knusprige Semmeln, mit Rostbratwürstln von Schweinen, die noch den Schweinsgalopp kennen. Was würden die Leute den Dradiwaberl-Salat und die Suppe mit selbst gebackenen Pfannkuchen aus Eiern von glücklichen Biokreis-Zweitnutzungshühnern lieben!

Für ihren Mitnehm-Kaffee würden sie mit Thermosbechern vorbeikommen, um die Aktion „Coffee To Go Again" einer Münchner Studentin zu unterstützen. Die Milch für den Kaffee wäre aus einer Molkerei in der Nähe. Immer mittags käme der Bauer mit der Milch vorbei, die er morgens bei einer Kuh namens Carmen oder Eva gemolken und kurz pasteurisiert hätte. Er würde den Gästen erklären, was „frische Milch" wirklich ist. Dass sie mindestens 3,7 Prozent Fett haben müsste. Dass sich auch ein bewusster Kauf im Supermarkt lohnen würde. Und die Münchner hätten Lust, bewusster zu leben.

Im Winter könnte man Ski-Gondeln aufstellen, die per Knopfdruck zu beheizen wären. In einer Kabine könnten Märchen gespielt werden, in einer anderen Musik. Davor stünden Holzfässer, auf denen Blumen Platz fänden und auch ein paar Tassen Bio-Glühwein – der beste der Stadt.

Zum Glück ist der Wunsch Wirklichkeit. Das „Milchhäusl" im Englischen Garten ist fast zu schön, um wahr zu sein.

Kiosk „Milchhäusl", Königinstraße 6, 80539 München, Stadtviertel Maxvorstadt
www.milchhaeusl.bio
ÖPNV: U3, 6, Haltestelle Universität

regional & fair
Bayerische

Gaudi um viel Gaunerei

26 *„Doctor Döblingers geschmackvolles Kasperltheater“*

Es sind die Missgeschicke und Gaunereien, die diesen Nachmittag so wertvoll machen. Wenn die Großmutter in die Fänge des faulen Zauberers Gottlieb Wurst gerät. Wenn die einsame Hexe Annegeer Strudlhofer die Kasperlmütze verbrennt. Oder wenn der Hund Vinzenz verdächtigt wird, die Brotzeit von Wachtmeister Wirsing stibitzt zu haben.

Ava, Sophia und der kleine Lucas wollten unbedingt vorne sitzen – damit sie den echten Kasperl ganz genau sehen. Dieser hier ist eine Münchner Institution. Deshalb ist die Nachfrage bei „Doctor Döblingers geschmackvollem Kasperltheater“ immer groß. Und da haben wir den Salat! „Ich seh' nix“, raunzt Lucas. Seine Eltern befürchten das Schlimmste: dass die Stimmung kippt und der Familiennachmittag weniger fröhlich, sondern ein riesiger Reinfall werden könnte.

Aber Achtung! Das hier ist nicht irgendein Theater. Hier gibt es keine schlechte Laune – und einen riesigen Reinfall schon gleich gar nicht. Eine knappe Dreiviertelstunde dauert das Stück, so lange leben und leiden die Kinder mit den kauzigen Hauptdarstellern mit, rufen auf die Bühne, um den Kasperl zu retten und den bösen Zauberer hinter Gitter zu bringen.

TIPP Doctor Döblinger als Hörspiel – manchmal sprechen Schauspieler wie Josef Hader oder Fredl Fesl die Rollen.

Den Erwachsenen geht es übrigens nicht viel anders. Sie erfreuen sich zudem noch an manch hintergründigem Gag. Warum sich nicht bedenkenlos und ungehemmt dem puren Kasperl-Vergnügen hingeben? Dafür braucht's wirklich keine Kinder als Alibi, sagen auch die Doctor Döblingers, die inzwischen viele Erwachsenen-Stücke im Programm haben.

Richard Oehmann und Josef Parzefall sind zuständig für die Theater-Gaudi. Sie tragen den Kasperl im Herzen, schreiben die Geschichten und sind die Puppenspieler hinter den Figuren. Und wenn es sein muss, sorgen sie auch als Platzanweiser höchstpersönlich für Ordnung. So haben Ava, Sophia und Lucas dann übrigens doch noch einen Spitzenplatz ergattert, und der Kasperl-Nachmittag war ein voller Erfolg.

„Doctor Döblingers geschmackvolles Kasperltheater“ kommt so gut wie überallhin, in Schulen, Stadtbibliotheken, Kindergärten, Wirtshäuser und Kleinkunstbühnen
www.dr-doeblingers-kasperltheater.de

Goldenes Isarflimmern

27 *Eine Nacht am Flaucher*

Es dämmert längst. Die Isar schimmert golden in der tief stehenden Sonne und die Gäste des Abends mit ihr. Ein paar von ihnen klettern am Flauchersteg mit ihrem Bierkasten und Picknickkorb eine bewurzelte Böschung hinunter, sammeln auf dem Weg herumliegende Äste für ein Lagerfeuer und suchen sich ein abgeschiedenes Plätzchen auf einer Lichtung direkt am Wasser, das sein Glitzern herüberwirft. Isarflimmern nennen das die Münchner.

Wer die besten Kiesbänke der Stadt sucht, muss die Schornsteine finden. Beim Heizkraftwerk im Münchner Süden liegt der Flaucher, ein Naturparadies in Großstadtsilhouette. An dieser Stelle ist die Isar breit und bahnt sich wild ihre Wege durch ausladende Auen und bewaldete Ufer. Großstadt trifft Bergfluss – ein einzigartiges Schauspiel.

Hier fühlt sich die Isar am wohlsten – und die Menschen mit ihr. Vor einigen Jahren wurde sie renaturiert, durfte ihre Zwangsjacke ablegen und es sich im ursprünglichen Flussbett gemütlich machen. Bei jedem Hochwasser kann sie ihr Becken nun nach Belieben neu gestalten, Kiesbänke aufschütten, Gumpen graben, Baumstämme stapeln. Stadtplaner aus der ganzen Welt staunen über diese Erfolgsgeschichte am Flaucher, der nach einem ehemaligen Schankwirt benannt ist.

TIPP Die Isar-App der Stadt zeigt, wo Grillen oder Feuer erlaubt sind (und den Weg zum Klo, Müll, Kiosk).

Und das passt auch: Beschwipste Leichtigkeit liegt in der Luft. Die Leute baden in Höschen oder nackt – alles ist erlaubt. Im Wasser kühlt ein Kasten Augustiner. Grillgeruch zieht vorbei, Hunde spielen mit der reflektierenden Wasseroberfläche, Frauen radeln im Bikini zu einem der Kioske rundum. Es geht zu wie am Stachus, aber die Isar spendet Ruhe, Kraft und Erholung. Sommer in der Stadt.

Inzwischen ist die Sonne untergegangen. Wer rechtzeitig dran war, hat hinten bei den Flussrinnen eine versteckte Stelle gefunden. Das Lagerfeuer knackt und spiegelt seine Flammen in der schwarzblauen Isar. Das Lachen der Freunde, Gitarrenklänge und der glucksende Fluss sind der Soundtrack dieser lauen Nacht.

Flaucher, Isarauen 10, 81379 München, Stadtviertel Sendling und Thalkirchen

ÖPNV: U3, Haltestelle Brudermühlstraße oder Thalkirchen, Bus 54, X20, Haltestelle Brudermühlstraße, Bus 153, Haltestelle Thalkirchen

Streichelei für Hund und Herz

28 *Das Café „Gartensalon"*

Lust auf eine Gartenparty mitten in der Stadt? Auf zusammengewürfelten Klappstühlen, unter Girlanden von bunten Glühbirnen? Wer später kommt, setzt sich auf einen herumliegenden Baumstamm oder mit auf die Bierbank des Nachbarn. Auf kleinen Tischen stehen Vasen mit Wiesenblumen und Omas Zuckerdosen. Es gibt nur Selbstgemachtes: Zitronen-Tarte, Johannisbeer-Käsekuchen, grüne Bowle mit Gurken, Minze und Limetten, Salate mit Belugalinsen, Quiches und Sauerkirsch-Marmelade – alles querbeet, alles mit Liebe gemacht. So genießt man das als Gast im „Gartensalon".

In der Amalienpassage hinter der Ludwig-Maximilians-Universität liegt ein verwunschener Innenhof, eigentlich gar nicht schön, wenn das kunterbunte Café nicht wäre. Mehr als hundert Blumentöpfe überstrahlen die Betonwelt – zum Teil haben sie die Gäste mitgebracht. In silbernen Dosen wachsen Gänseblümchen. Die Stimmung ist leger; viele Studenten genießen hier ihre Lernpausen und stecken sich für den Rückweg ein paar essbare Kindheitserinnerungen ein: Erdbeer-Brausebälle, Gelee-Tausendfüßler, Schaumgummi-Salamander. Vegetarier und Veganer freuen sich über täglich wechselnde Mittagsgerichte – aber nicht nur sie. Denn was da angeboten wird, schmeckt so köstlich, dass Würstl & Co. dagegen langweilig wären.

> **TIPP** Wem das gefällt, der liebt auch das Café „Marais" im Westend: kinderfreundlich und voller Antiquitäten.

Auch drinnen dominiert selbst an tristen Tagen die Farbe. Die Tulpen-Tapete haben die Inhaberinnen Ines Stöhl und Susi Pirklbauer in Erinnerung an Holland angebracht. Dort haben sie 2009 erfahren, dass der Laden frei wird. Auf antiken Sesseln sammeln sich Stapel von Zeitungen und Zeitschriften. Sogar kleine Kunstgegenstände werden zum Kauf angeboten. So bekommen Besucher selbst im matschigen Herbst und Winter gute Laune. Dann gibt's deftigen Eintopf und Thaisuppe. Und der französische Schokoladenkuchen wird zu jeder Jahreszeit auf Flohmarkt-Geschirr mit Goldrand serviert, ebenso der kalte Hund. Apropos: Karla, der Mops des Hauses, freut sich immer über Streicheleinheiten.

Café „Gartensalon", Türkenstraße 90 (Amalienpassage), 80799 München, Stadtviertel Maxvorstadt
www.gartensalon.net und www.cafe-marais.de

ÖPNV: U3, 6, Haltestelle Universität, Bus 153, 154, Haltestelle Türkenstraße, Tram 27, 28, Haltestelle Schellingstraße

aselnuss
Zimt

Auf Weltreise im Kellerabteil

29 *Ein Abend beim Biersommelier*

Auf der Klingel an der Leopoldstraße steht „Hahn". Ein Mann mit geknöpfter Weste und Schiebermütze öffnet und bittet in den Keller. Zwischen Fässern und fremden Etiketten wird schnell klar: Hier passiert etwas Besonderes. Der Verschluss ploppt von einer Flasche, und Holger Hahn schenkt gefühlvoll das erste seiner unzähligen Biere aus aller Welt ein. Der Biersommelier will seine Gäste mit Vielfalt flashen, mit Unbekanntem konfrontieren.

Hahn teilt die Meinung der Münchner: Bier ist kein Alkohol. Bier ist ein Lebensmittel und eine Lebenseinstellung. Er selbst stammt aus dem Ruhrpott, ist als Kneipenkind mit Diebels und Köpi aufgewachsen – und mit echter Bierkultur: dem Feierabend-Bierchen. Diese Lebensqualität will er in einer hektischen Zeit zelebrieren.

Auf dem Tresen stehen Schüsseln voller Schokolade. Die Gäste besinnen sich auf den Fruchtschmelz am Gaumen. Nicht kauen, nicht schlucken! Hahn reicht das passende Bier dazu, das auf der Zunge verweilt, bis sich alle Aromen verbinden. Ein intensiver Genuss. Danach kommt Käse ins Spiel. Ein salziges Stück schwächt das Bittere eines Pilses ab, ein würziger Käse harmoniert gut mit einem bayerischen Zwickel, und Blauschimmel ist ideal zu einem stark gehopften India Pale. Der Sommelier gilt als Meister seines Fachs. Er braut selbst und entscheidet in internationalen Jurys über herausragende Braukunst. Für diese Leidenschaft ließ Hahn seinen hochkarätigen Posten bei einem Münchner Autobauer sausen.

Sogar für gut informierte Biertrinker tun sich im Keller neue Welten auf. Die Aromen reichen von Gras über Honig und Zitrone bis zu frisch gebackenem Bauernbrot oder Geräuchertem – wie beim Schlenkerla aus Bamberg. Die Gäste erzählen von ihren Lieblingsbrauereien. Dabei stellt sich heraus: Bier ist Heimat und immer wieder Überraschung. Ehrlich, bodenständig, unkompliziert. Es bringt die Leute zusammen. Vielleicht könnte Bier sogar die Welt retten, sagt einer. Hahn überlegt und holt ein seltenes, elfprozentiges Trappistenbier aus Belgien vom Regal. Ein wunderbares Lebensmittel. Kein Alkohol.

Kurs „Bier erleben" bei Holger Hahn, Giselastraße 6, 80802 München, Stadtviertel Schwabing
www.biererleben.de
ÖPNV: U3, 6, Haltestelle Giselastraße

Bambergs Spezialität
Aecht
Schlenkerla
Rauchbier
(ges. gesch.)
BAMBERG
ROGUE

Licht, Luft und Liebe

30 *Eine Zeltdach-Tour auf dem Olympiastadion*

Für Münchner ist es, als würden sie heiligen Boden betreten. Zu Olympia 1972 musste ein Stadion her, das in das Konzept der „heiteren Spiele" passen sollte. Keine Säulen, keine Podeste, kein Nazi-Mist. Den Architekten Günther Benisch und Frei Otto gelang mit ihrer Zeltdach-Konstruktion ein fulminanter Spagat zwischen Schönheit und Sicherheit.

Zum Dank steigen ihnen die Menschen heute aufs Dach. Für die Zeltdach-Touren auf blau-grauem Acrylglas braucht es ein Seil, einen Karabiner und etwas Mut. Der wird mit hintergründigen Geschichten und einem tollen Panorama belohnt. Guides erklären die Architektur, wissen aber auch über den nahen BMW-Vierzylinder, den Müllberg oder die Sanierung der Dachplatten Bescheid, die irgendwann eine milchige Farbe angenommen hatten. Anekdoten über den FC Bayern fehlen nicht. Er hatte hier jahrzehntelang seine Heimstätte, bevor es 2005 in die Allianz-Arena nach Fröttmaning ging.

Nun ist das Olympiastadion für Konzerte von Weltstars wie Coldplay oder Robbie Williams da. Dabei wirkt das Dach über den Besuchern leicht und transparent, als würde es schweben. Kein Wunder, dass alle von Jahrhundert-Architektur sprechen: Ein Stadion mit 70.000 Plätzen schmiegt sich in die Hügel und Kurven des Olympiaparks wie eine leichtfüßige Katze – so sanft, dass man den gewaltig großen Bau als angenehm luftig empfindet und sich frei fühlt wie bei einem Open-Air. Über einem wirft die Sonne warmes Licht durch die Glasplatten. Schatten tanzen auf den retro-charmanten Piktogrammen und ausgebleichten Schriftzügen des Olympia-Designers Otl Aicher.

Auch auf den Wiesen um das Stadion herum hat man eine wunderbare Akustik. Oft reden die Münchner darüber, dass sie viele Stadtviertel weiter die Lieder der Stones auf dem Balkon mitsingen konnten.

Die Zeit verfliegt über dem Dach der Dächer Münchens, wo die Klettertour mit einem Höhepunkt endet: Auf Europas längster Seilrutsche gleiten die Kraxler 200 Meter quer über ihr „Olystadion" hinweg. Das Herz klopft. Es ist die ganz große Liebe.

Olympiastadion, Spiridon-Louis-Ring 27, 80809 München, Stadtviertel Milbertshofen
www.olympiapark.de
ÖPNV: U3, Haltestelle Olympiazentrum, Bus 144, Haltestelle Olympiasee

Brotzeit weckt Gemütlichkeit

31 *Ein Bootshaus für Naturfreunde*

Der bayerische Münchner liebt es, sein sorgfältig zusammengestelltes Brotzeit-Körberl mit dem Radl durch die Stadt zu kutschieren, bis ihn der Anblick eines schattigen Platzerls abrupt zum Anhalten zwingt. Eine rot-weiß karierte Tischdecke hat er dabei, drauf kommt in Windeseile der selbst gemachte Wurstsalat und ein Stück Emmentaler. Was außerdem bei einer richtig bayerischen Brotzeit nicht fehlen darf: ein paar Radieserl und der Obadzde, der obligatorisch auf die meist extragroße Brezen draufgehört.

Beliebte Biergärten gibt's in München viele. Aber seien wir mal ehrlich: Bei den meisten könnte man am Eingang ein Schild anbringen: „Wegen Überfüllung geschlossen!" Und nix war's mit der bayerischen Gemütlichkeit. Außer man kennt einen Geheimtipp – und radelt dafür gern ein bisschen raus aus dem Zentrum. In Thalkirchen gleich beim Tierpark Hellabrunn steht das Bootshaus der Naturfreunde. Direkt am Isar-Kanal gelegen umgibt eine große Wiese die kleine Vereinsgaststätte in der Mitte des Biergartens. Das Häuschen ist tatsächlich immer noch das Klubhaus der Kajak-Abteilung der Naturfreunde, die 1895 als Gegenstück zum Alpenverein gegründet wurden.

TIPP Wem's bei so viel Erholung langweilig wird, der zieht einfach weiter – ins Maria-Einsiedel-Bad gleich nebenan.

Durchs Fenster werden Getränke, ein paar kleinere Speisen, Kuchen und Eis ausgegeben. Wer seine Verpflegung lieber mitbringt, macht es sich gleich auf einer der Bierbänke bequem oder legt seine Picknick-Decke auf die Spielwiese davor.

„Wir wollen ein Ort sein, an dem man Natur erleben kann", sagt der Vorsitzende Rainer Hörgl. Und tatsächlich ist der Ort ein Paradies – vor allem auch für Familien. Der Spielplatz am Ende der Wiese hat eine Schaukel und ein Kletterhaus mit Rutsche. Im Sandkasten türmen sich die Sandförmchen. Außerdem gibt's Bobby-Cars und Hüpfbälle. Heißt: Die Kleinen sind beschäftigt, und Mama und Papa danken's, denn die sitzen entspannt daneben und genießen die Idylle.

Naturfreunde, Vereinsgaststätte Bootshaus, Zentralländstraße 16, 81379 München, Stadtviertel Thalkirchen, www.naturfreunde.de
ÖPNV: U3, Haltestelle Thalkirchen (Tierpark)

Die Mischung macht's

32 *Integration dank beispielhafter Stadtplanung*

Wer eine Stadt entdecken möchte, sollte öfter mal Pausen machen. Dann bekommt doch vieles eine ganz neue Wendung. Das Areal der Alten Messe zwischen Theresienhöhe und Sendling zum Beispiel. Der „Spielplatz auf dem Bahndeckel" sagt alles über München: Auf der einen Seite leben Familien, die sich ein schickes Loft leisten können. Ein paar Häuserblocks weiter sind Sozialhilfeempfänger und bedürftigere Münchner untergebracht. Und es funktioniert!

Wer hier vorbeikommt, kann sich dem Bann des gigantischen Spielparks kaum entziehen. Knapp 17.000 Quadratmeter groß ist die Fläche, so groß wie drei Fußballfelder. Komplett in Orange getaucht, wirken die Spielgeräte fast futuristisch. Wer sich Zeit lässt und beobachtet, sieht die Kinder, die den Platz mit Leben füllen. Mehr noch: Aus dem ambitionierten Projekt einer Berliner Landschaftsarchitekten-Gesellschaft wird plötzlich ein Treffpunkt der Kulturen. Da tummelt sich ein farbiges Mädchen mit seinem älteren Bruder. Eine Mutter spricht Französisch mit ihrem Kind, das sich wiederum aufs Rad schwingt und mit der offenkundig blond gelockten deutschen Freundin davonfährt. Eltern hetzen nach der Arbeit zur nahe gelegenen Kita und verweilen dann gerne noch für einen Augenblick auf dem Spielgelände.

Kurz und gut: Wenn der SZ-Autor Max Scharnigg in seinem viel gelobten Artikel den „Grant über München" zum Ausdruck bringt, möchte man ihm genau solch einen Ort entgegenhalten. Denn: Es sind die Menschen – und die durch sie gelebte „Münchner Mischung" –, die aus diesem Spielplatz einen Ort zum Wohlfühlen machen.

Anfang der 2000er-Jahre entstand aus der vormals Alten Messe ein Neubaugebiet mit Sozial- und Eigentumswohnungen nebeneinander. „Das Münchner Wohnungsbau-Programm sieht das in allen Stadtvierteln so vor", sagt Thorsten Vogel vom Referat für Stadtplanung. Die Münchner Mischung steht für eine gute Integration. Übrigens: Knapp 40 Prozent der Münchner haben laut Statistischem Amt München ausländische Wurzeln – mehr als beispielsweise in Berlin.

Spielplatz auf dem Bahndeckel, Quartiersplatz Theresienhöhe, Max-Hirschberg-Weg, Ecke Ganghoferstraße 68, 81373 München, Stadtviertel Schwanthalerhöhe

ÖPNV: Tram 53, Bus 134, Haltestelle Ridlerstraße, U4, 5, Haltestelle Schwanthalerhöhe

Der König und die Dragqueen

33 *Das Café „BOB im Park"*

Im legendären Sommer von 1972 schwammen, sprangen und rannten Sportler wie Mark Spitz und Ulrike Meyfarth im Olympiapark um die Wette. Silvia Sommerlath traf ihren schwedischen König. Heiter und bunt waren die Spiele – bis das Attentat auf die israelische Mannschaft München ins Mark traf. „The games must go on", hieß es damals. Geblieben sind von diesem einzigartigen Flair stolze Orte wie das „BOB im Park", das selbst unter Gutinformierten aus den umliegenden Stadtvierteln als Geheimtipp gilt.

Mitten in der Tennissportanlage der TU München erwartet Besucher der Stil der Siebziger in quietschenden Hollywood-Schaukeln und auf original orangefarbenen Heimtrainern. Von April bis Ende September lassen hier Sportler und Chiller die Seele baumeln – mit freiem Blick auf den Olympiaturm und auf die hügeligen Wiesen des Parks, hinter denen das „Olydorf" beginnt, in dem Studenten in kreativ bemalten Bungalows mit Mini-Dachterrasse wohnen. Wem das Entspannen zu fad wird, der mietet sich selbst Schläger und Bälle und schaut auf einem der umliegenden Tennis- und Volleyballfelder, was er drauf hat.

Auf dem Grill im Eck kann jeder sein mitgebrachtes Fleisch braten. Gegen ein paar Euro wird der Rost für einen angeheizt und nachher wieder sauber gemacht; obendrauf gibt's Teller und Besteck. Das Bier und den Spezi holt man sich ein paar Stufen höher in einer kleinen Bar mit witzigem und charmantem Besitzer, der gern Lederhosen, Schiebermütze oder nachts auf einer der großen Dragqueen-Bühnen der Stadt Frauenkleider trägt. Das ist Bob, den hier alle lieben.

Nachmittags ist es noch angenehm ruhig. Vögel zwitschern, Tennisbälle ploppen. Sonst nix. Zum Abend hin wird es aber schnell voll. Aus Lautsprechern schallen Elektro und Schlager von Katja Ebstein. Bierflaschen klirren, Gelächter zerschneidet die milden Nächte. Der legendäre Sommer von 1972 ist noch nicht vorbei.

Café „BOB im Park", Kolehmainenweg (an der Tennisanlage), 80809 München, Stadtviertel Milbertshofen, www.bob-im-park.de

ÖPNV: U3, Haltestelle Olympiastadion

BOB im Park
cafe-kubitscheck.de
Bar
Cafe
Grill

Skorpion im Retro-Becken

34 *Das Müllersche Volksbad*

Der Körper schreit nein. Bei jedem Schritt über die Steinstufen ins eisige Wasser des großen Beckens. Weitergehen, zur Ablenkung die Tätowierungen und Rückenhaare der anderen Schwimmer betrachten, bis die nasse Kälte an der Hüfte kitzelt – und los. In ausladenden Zügen den riesigen Sprossenfenstern und der Brunnenfigur am anderen Ende entgegengleiten und sich schwerelos fühlen. Wie warm das Wasser auf einmal ist und wie stolz das Herz nach der Überwindung hüpft!

Komiker-Original Wigald Boning ist auch schon da. Das kleine Kraftpaket mit der großen Taucherbrille ist Stammgast im Müllerschen Volksbad und das Maß aller Dinge. Keine Chance, den Extremsportler auf 31 Metern Strecke zu überholen. Muss auch nicht sein. Hier geht es ums Durchhalten und darum, nach gut hundert Bahnen und ein paar Klimmzügen am Beckenrand wohlig müde ins Bett zu fallen, mit freiem Geist aufzustehen und das Volksbad noch Tage später im Körper zu spüren.

Ein gelber Jugendstil-Bau und sein weiß verschnörkelter Turm mit grünem Dach direkt an der Isar sind die Heimat des schönsten Hallenbades der Welt. Und das seinerzeit teuerste. 1901 ließ es der Ingenieur Karl Müller für die unbemittelten Münchner bauen. Damals war ein eigenes Badezimmer noch seltener Luxus.

Seltener Luxus sind in Zeiten eintöniger Schwimmbäder die Retro-Kabinen mit smaragdgrünen Holztüren, Stoffvorhängen in den Fenstern und Nummernschildern aus Emaille. Hinter einem weinroten Portal verbirgt sich die „Sammelumkleide Knaben“. Und dann diese riesige Uhr über den Wendeltreppen auf der Galerie! Sie zeigt neben den römischen Zahlen die zwölf Tierkreiszeichen der Astrologie.

Um 21.30 Uhr steht der große Zeiger im Skorpion. Dann beginnt die Zeit der Spätschwimmer, die weniger Eintritt zahlen und bis 23 Uhr nahezu allein ihre Bahnen ziehen. Über ihnen schimmern Laternen aus einer anderen Zeit, vor ihnen leuchtet das spiegelglatte Wasser.

TIPP Regelmäßig werden moderne Kunstprojekte gezeigt. Besonders angenehm im Winter ist das römisch-irische Schwitzbad.

Müllersches Volksbad, Rosenheimer Straße 1, 81667 München, Stadtviertel Au
www.swm.de/privatkunden/m-baeder/schwimmen/hallenbaeder/volksbad.html

ÖPNV: S1, 2, 3, 4, 6, 7, 8, Haltestelle Rosenheimer Platz, Bus 132, Haltestelle Ludwigsbrücke, Tram 16, 17, Haltestelle Gasteig

Ein Föhn versetzt Berge

35 *Großstadt mit Alpenblick*

Fragt man einen Münchner, was er am Wochenende vorhat, antwortet er oft lapidar: „Nichts Besonderes. Wir fahren in die Berge." Fragt man die Alpen nach ihren Plänen, hört man sie sagen: „Wir bekommen Besuch. Vielleicht schauen wir aber auch mal nach München rein."

Wenn sich die Berge um die Stadt herum auftürmen wie Wolkenkratzer, dann ist Föhn. Dieser Gebirgsaufwind aus Italien und Österreich führt dort zu Wolken und Regen. Auf bayerischer Seite zieht er als trockener Fallwind durch die Alpentäler und bringt extrem hohe Temperaturen mit sich. Auch im Winter hat es dann plötzlich um die 20 Grad, und ganz München sitzt im Freien und tut so, als wäre Frühling. Mit Skifahren und Snowboarden geht dann erst mal nichts mehr – aber die hervorragende Fernsicht entschädigt für alles. Auch für das Kopfweh, das Wetterfühlige an solchen Tagen plagt.

Über die Straßen der Großstadt legt sich ein kupfer- bis altroséfarbener Filter. Die Berge scheinen zum Greifen nah, sind mal von Wolken umgarnt oder mit Neuschnee bedeckt. Unten erkennt man gleißende Umrisse, oben die klaren Kanten der Alpen. Es ist magisch, wie die Gipfel die Spitzen von Rathaus, Frauenkirche und Altem Peter am Marienplatz überragen. Eigentlich darf innerhalb des Rings nichts höher sein als der Dom, um das Stadtbild nicht zu zerstören. Aber davon kann hier keine Rede sein: Runde Kuppeldächer schmiegen sich sanft in das kantige Zugspitzmassiv, den markantesten Berg, den hier jeder kennt. Dann hört's meist schon wieder auf.

TIPP Das Michael-Jackson-Denkmal (eigentlich Orlando di Lasso gewidmet) mit seinen Orchideen und Engeln besuchen!

Sei's drum. Einfach die Fernsicht genießen – das geht gut vom „Bayerischen Hof" aus, wo Royals, Schauspieler und schräge Vögel gastieren. Michael Jackson liebte das Hotel mit dem plüschigen Charme. Oben auf der Dachterrasse unbedingt einen „Munich Mule" trinken und bleiben, bis der Abend kommt. Denn so ein Föhn hat herrlich kräftige Sonnenuntergänge zur Folge. Dann tunkt der Himmel einen feuerroten Ball in ein dunkelviolettes Zackenpanorama.

Hotel „Bayerischer Hof", Promenadeplatz 2–6, 80333 München, Stadtviertel Altstadt-Lehel
www.muenchen.travel und www.bayerischerhof.de

ÖPNV: U3, 6 und S1, 2, 3, 4, 6, 7, 8, Haltestelle Marienplatz, Tram 19, Haltestelle Theatinerstraße

Druckfrische Schönschrift

36 *Kreativ-Workshops in der „Silberfabrik"*

Man kann „Kürbissuppe" irgendwie schreiben – oder elegant wie auf einem Schild an der „Aroma Kaffeebar" in der Pestalozzistraße. Alle Läden, Bars und Cafés in der Stadt, die etwas auf sich halten, präsentieren ihr Angebot auf handgezeichneten Menükarten und Schiefertafeln. Buchstaben werden zu Kunst im öffentlichen Raum.

Oft hat dabei Petra Wöhrmann ihre Finger im Spiel. Die Designerin lehrt in der „Silberfabrik" in Haidhausen den Trend namens Handlettering. Wer ihre Workshops besucht, betrachtet zunächst Buchstaben – wie in der Grundschule. Dann werden mit Spitzfeder, Brushpen oder Filzstiften Karten mit Geburtstags- oder Weihnachtsgrüßen in allen möglichen Schriften der Kalligrafie gestaltet – nie ganz perfekt, immer mit persönlicher Note. Das ist ja gerade das Charmante.

Das Ergebnis ist ein Exot in einer Zeit, in der viele nur noch über soziale Netzwerke, E-Mail und WhatsApp kommunizieren. Und eine Wohltat. Die Menschen, die zu Petra Wöhrmann kommen, sind des Digitalen überdrüssig und legen bewusst Offline-Pausen ein, in denen sie sich endlich wieder handwerklich betätigen und etwas Einzigartiges erschaffen können. Der Retro-Trend hat seinen Ursprung im alten Handwerk der Schildermalerei. In München war es vor allem Karl Blaschke, der nach dem Zweiten Weltkrieg mit seinen Beschriftungen das Stadtbild prägte.

Die „Silberfabrik" ist ein vielfältiges Kreativlabor im nordischen Stil. Glühbirnen hängen von der Decke, viel Schwarz-Weiß, wenig Farbakzente. Die Kunstpädagogin Sarah Braconnier mietete den Laden mit den großen Schaufenstern, um dort Siebdruck-Kurse anzubieten. Mit Begeisterung drucken die Teilnehmer an Werkbänken Sprüche wie „Lausbua" oder „I am sorry for what I said when I was hungry" auf Pullover und Fisch-Motive oder Buchstaben auf Papier – eine Kunst mit schnellem Erfolgserlebnis und der Freude über ein Unikat. Was Frauen auch gerne in der „Silberfabrik" machen: kunstvolle Haarkränze und haltbaren Blumen-Schmuck. In den Beton-Workshops geht es dann weniger um filigrane Kunst als um Spachtelböden aus Zement – damit auch Männer glücklich sind.

„Silberfabrik", Elsässer Straße 19, 81667 München, Stadtviertel Haidhausen
www.silberfabrik.com; www.petrawoehrmann.de

ÖPNV: S1, 2, 3, 4, 6, 7, 8, Tram 19, Bus 54, 55, 62, 100, 145, 148, 155, 213, Haltestelle Ostbahnhof

Upload an der Ursula

37 *Sonnenbaden auf dem Kaiserplatz*

Auf der warmen Steintreppe vor der Kirche St. Ursula treffen sich Gruppen von Münchnern in einem Paradies aus Blumen, schattigen Bögen und breiten Stufen. Es ist himmlisch, hier ein paar Kugeln aus den Eisdielen „Bartù“ und „Lorenzo Corno“ zu schlecken, um dann in aller Ruhe das Summen der Hummeln zu hören und dabei zuzusehen, wie die Stieglitze die Sonnenblumen ausräubern. Nichts ist schöner, als beim dumpfen Bimbam der Kirchenglocken zu entschleunigen, Gott einen guten Mann sein zu lassen und seinen inneren Frieden zu finden.

Mitten im wuseligen Shopping-Viertel um die Hohenzollernstraße kann man sich vor der Kirche im Grünen verstecken, um ein Buch zu lesen, die Picknickdecke auf das heiße Kopfsteinpflaster legen und ein Bier zu einer Pizza aus dem nahen Restaurant „Garbo“ trinken.

Der Blick gleitet über die Friedrichstraße nach Süden. Überhaupt glaubt man sich hier eher in Italien. Kein Wunder: Die „Ursula“ am Kaiserplatz ist eine imposante Säulenbasilika mit Kuppel und Turm vom Typ eines italienischen Campanile, also eines frei stehenden Glockenturms. Der Architekt August Thiersch hat München vielerorts verschönert und dabei auch die Kirche entworfen, die ihm so meisterhaft geglückt ist, dass die Leute sie auch den „Dom von Schwabing“ nennen.

Drinnen ist es an heißen Tagen angenehm kühl und still. Aus der Kuppel fällt das Tageslicht ins Kirchenschiff. Alles ist rund, alles fließt, unter hohen Bögen verstecken sich edle Verzierungen, kein überladender Schmuck. Säulen aus Stein führen auf einen Hochaltar mit grünem Dach zu. Der perfekte Platz, um wieder zu sich zu kommen, seinen Gedanken zu begegnen und seine Wünsche zu spüren. Schon nach kurzer Zeit kehrt man mit freiem Geist zurück nach draußen ins helle Leben.

Auf der Rückseite der Kirche toben Kinder auf einem Spielplatz mit Brunnen und Piratenschiff. Im Sand entstehen Burgen mit Kanälen und Fahnen obendrauf, die den Wind fangen. Eltern spielen an der Kirchenmauer Verstecken – und treffen Bekannte aus der Arbeit. München, du Millionendorf!

Kirche Sankt Ursula, Kaiserplatz 1, 80803 München, Stadtviertel Schwabing

ÖPNV: U3, 6, Haltestelle Münchner Freiheit, Bus 53, 59, Haltestelle Friedrichstraße, Tram 12, 27, 28, Haltestelle Kurfürstenplatz

KOMMET ZV MIR ALLE DIE IHR
VND BELADEN SEID

Schaf, München, Schaaaf!

38 *Bei der Herde im Englischen Garten*

Es dürften 300 Tiere sein. Schafe, keine Frage. Das verrät der Geruch, den der Wind über viele Kilometer an die Nase weht. Sie stehen von Mai bis Oktober im Englischen Garten herum, im verlassenen Nordteil des weltbekannten und schier endlos großen Parks – zur Freude der Radler und Spaziergänger. Pärchen und Kinder sammeln sich am Wegesrand, um beim Anblick der fressenden Schafe zu entspannen. Eine beruhigende Stille, in der man hören kann, wie Grasbüschel gerupft werden und Lämmer sanft nach ihrer Mutter blöken.

Früh am Morgen verlässt die Herde ihren Nachtpferch und macht sich gierig über die Wiesen her. Die Luft ist kühl, aber die Sonne schickt ihre ersten warmen Strahlen. In einem der Bäume klopft ein Buntspecht. Und da ist sie wieder: die Nähe zur Natur, die Sehnsucht nach Freiheit, die Lust, draußen zu sein. „Wir Menschen halten uns selbst ja nicht so artgerecht", beschreibt Sabine Drews die Faszination, die von den eher unspektakulären Viechern ausgeht. Mit Hütehund Nero achtet sie darauf, dass den Tieren nichts zustößt. Dass ihnen kein frei laufender Hund mit seinem Jagdinstinkt gefährlich wird. An Nero kommt keiner vorbei. Die Schafe bemerken von brenzligen Situationen meist nichts und fressen unbekümmert weiter. Sie zucken noch nicht einmal, wenn die berittene Polizei im Englischen Garten nach dem Rechten schaut.

TIPP Am Fröttmaninger Berg läuft im Sommer das Projekt „Auf zu neuen Schafen" der Stadt München.

Doch kurz darauf geht ein überraschender Ruck durch die Herde. Schafe galoppieren, legen sich in die Kurve und kreisen ungeniert das Paar auf einer Parkbank ein, das Erdbeeren isst und nicht weiß, wie ihm geschieht. Die spontane Überrumplung wird zu einem unvergesslichen Treffen mit Gelächter und Fotos, bis Nero wieder für Ordnung sorgt.

Die Sonne steht schon tief, und die Schafe beginnen wild zu blöken. Auf der Koppel gäbe es eigentlich noch genug zu fressen, doch wie auf Kommando sind sie alle abmarschbereit. Die Schäferin öffnet der Herde den Durchlass zur Nachtweide auf der anderen Seite des Zauns. Alle Schäfchen sind gezählt, die Nacht kann kommen.

Die Herde grast von Mai bis Oktober an wechselnden Stellen im Nordteil des Englischen Gartens, Stadtviertel Freimann, www.muenchen.travel

ÖPNV: U6, Haltestelle Studentenstadt – aber am besten mit dem Radl nach ihnen suchen

Ein Schuss Motoröl

39 *Die Roller-Werkstatt „Vesbar"*

Immer wieder kickt er den Starter seiner grünen Vespa. Der Motor klackert, aber nur kurz, bevor er wieder abstirbt. Das typische Knattern – Lieblingsgeräusch für einen jeden Roller-Fan – will sich einfach nicht durchsetzen. „Es hilft nichts. Sie mag nicht", sagt der junge Mann. Eigentlich wollte er den warmen Sommertag genießen. Sich frei fühlen. Lässig, in kurzen Hosen, mit Turnschuhen und flatterndem T-Shirt auf seiner Vespa durch die Stadt düsen.

Stattdessen setzt er seinen Retro-Halbschalen-Helm ab, schiebt sein liebstes Stück ein paar Meter weiter, von der Straße weg nach drinnen in den Laden, der ganz einfach „Vesbar" heißt und seinem Namen alle Ehre macht. Es riecht nach einer lebendigen Mischung aus Kaffee und Benzin. Der Roller-Treffpunkt hat den Charme einer italienischen Hinterhof-Werkstatt. Er ist mehr als ein Laden, ein Lebensgefühl, ein Stück Italien aus den 60er-Jahren. Dabei gibt es nicht nur Ersatzteile und original italienische Mechaniker. Im hinteren Bereich der „Vesbar" sorgt Jörg, der Chef höchstpersönlich, für Espresso aus der hauseigenen Barista-Maschine – manchmal auch mit Herzchen im Schaum.

Seit mehr als zehn Jahren ist die „Vesbar" Anlaufstelle für Vespa-Liebhaber jedweder Couleur – Junge und Alte, Männer und Frauen, Münchner und ganz viele Italiener treffen sich hier. Gerade Letztere kommen gern, „wegen des Heimat-Feelings", sagt Maxi, der eigentlich Fahrzeugtechnik studiert und im Laden als Mädchen für alles mithilft. Die Leute schätzen den Austausch unter Experten und die lockere Atmosphäre. Sie kommen zum Werkeln oder Schauen, manche nehmen an einem der monatlichen Schrauber- oder Kochkurse teil, wenn Hobbykoch Raffaele beispielsweise „Gnocchi wie bei Mama" verspricht. Dann werden die Motorinos, die hier in jeder Alters- und Preisklasse und in allen erdenklichen Farben herumstehen, kurzerhand zur Seite geräumt.

Und so ist der junge Mann mit seiner grünen Vespa nicht mehr gar so enttäuscht, dass sein Baby streikt. Er wollte die Freiheit auf seinem Roller genießen und ist dabei im Vespa-Paradies eingekehrt.

„Vesbar", Maistraße 49, 80337 München, Stadtviertel Isarvorstadt
www.vesbar.de

ÖPNV: U3, 6, Haltestelle Goetheplatz, Bus 62, Haltestelle Maistraße, Bus 58, 62, Haltestelle Kapuzinerplatz/Arbeitsagentur

PORTER
PIAGGIO
KONECO
LE VETEMENT DE TRAVAIL
ZU VERKAUFEN

Wenn der Berg ruft

40 *Alpines Museum*

Reißend ist die Isar vor allem im Gebirge. In München plätschert der Fluss eher gemütlich dahin, von Wolfratshausen über den Flaucher quer durch die Stadt umspült das Wasser dann im Lehel die Praterinsel. Und genau dort steht man ganz plötzlich wieder mitten im Gebirge. Es fühlt sich zumindest so an.

Im Alpinen Museum des Deutschen Alpenvereins inspizieren die Besucher Wege, Hütten und Matratzenlager, sie entfliehen dem hektischen Alltag und schwingen sich scheinbar Tausende Höhenmeter hinauf zum nächsten Gipfel. Im Garten des Museums steht die Höllentalangerhütte und entführt ihre Gäste kilometerweit weg auf die Zugspitze, wo die Hütte ursprünglich mal stand. Ja, es gibt auch einiges über die alpine Geschichte und den entstehenden Berg-Tourismus zu erfahren. Doch manch einer blendet einfach die Museumsbühne aus und schwelgt in Erinnerungen an seine letzte Tour.

Ein Rucksack, minimalistisch gepackt, ein paar Wanderschuhe und die Sonne im Herzen. Mehr braucht es nicht, wenn der Berg ruft. Gehen, so weit die Füße tragen, und manchmal noch ein bisschen weiter. Es ist die Ruhe der Natur, die der Seele guttut. Blumenwiesen laden zum Weiterwandern ein, ein Bach plätschert, die Wege werden schmäler und höher, manchmal fast unbezwingbar. Die Baumgrenze rückt näher und bringt neue Herausforderungen. Geröll und Blockgestein lassen den Atem schwerer werden, doch die Anstrengung lohnt sich. Weil kein Gipfel so schön ist wie der soeben bezwungene. Man braucht nicht viel Platz da oben, denn der Blick geht unendlich weit. Kalt weht der Wind, und plötzlich ist die Welt ganz klein und gar nichts mehr so wichtig.

„Balsam für die Seele" schreibt eine Besucherin ins Hüttenbuch, das am Ausgang des Alpinen Museums liegt. Ein älteres Pärchen will sich auch verewigen. „Weißt du noch, die letzte Tour zur Lamsenjochhütte", sagt er. Dann nimmt sie den Stift und schreibt: „Auch wenn das Bergsteigen aus Altersgründen nicht mehr klappt, hier erinnern wir uns gerne an manche Tour ..."

Alpines Museum, Praterinsel 5, 80538 München, Stadtviertel Lehel
www.alpenverein.de/kultur/museum
ÖPNV: U4, 5, Haltestelle Lehel, S1, 2, 3, 4, 6, 7, 8, Haltestelle Isartor, Tram 18, Haltestelle Mariannenplatz

Schwarzer Kranz
D.A.V., Zw. Stuttgart
Zur Glorerhütte
A.V. Donauland
Auf die ROTE WAND
1/4 Std.
Achtung auf die Jagd!
Steineablassen, Lärmen, Schiessen
unterlassen!
D. u. Oe. Alpen-Verein.
A.-V.-Höhenweg-
Galtseitejoch
D. u. Oe. A.-V., Sekt. Hanau

Training in der Lederhosn

41 *Sporteln auf Bayerisch*

Es muss sein! Weil's guttut und schön macht. Vom Sport ist die Rede. Marion hat sich in ihr schickstes Fitness-Outfit geworfen: rosafarbene Leggings, ein knappes Bustier. Beides kann die durchtrainierte 23-Jährige durchaus tragen – muss sie aber nicht. Denn wie man aussieht, ist hier im Englischen Garten auf der Wiese am Japanischen Teehaus, immer montags ab 19 Uhr, wirklich total egal.
Das sagt zumindest Klaus Reithmeier – und setzt sein Credo prompt in die Tat um. Der Mann ist Fitness-Trainer, Massen-Einheizer, wichtigster Motivator, und er betritt – zünftig bayerisch – in Tracht die große Wiese, deren Grün allmählich dem bunt gescheckten Treiben sportwütiger Münchner weicht. Zu Hunderten kommen sie, wenn der Sport-Exot zum „Lederhosentraining" ruft – und das inzwischen schon bayernweit. Die Fangemeinde auf Facebook wächst stetig. Das muss ein Fitness-Studio erst einmal nachmachen.
Auf der Wiese im Englischen Geraten ist genügend Platz für Liegestütze, Strecksprünge, Dehnübungen und ganz viel Bauch-Beine-Po. Und man braucht keine Sportgeräte, denn die Besucher trainieren ausschließlich mit dem eigenen Körpergewicht. Reithmeier hat das Workout konzipiert. Er hat Sport studiert, ist Personal Trainer und weiß, was er tut. „Erst kommt der Schmerz, dann das große Lächeln", sagt er. Und tatsächlich lieben die Münchner seine Art des Sportelns. Sie hüpfen, pumpen und schwitzen ganzjährig und bei jedem Wetter, an der frischen Luft mit Open-Air-Romantik und in guter Gesellschaft. Das gibt's obendrauf zudem kostenlos, weil von philanthropischen Gesundheitsförderern subventioniert.
Nach dem Programm noch einen Abstecher ins nahe gelegene Seehaus machen – oder besser noch in den herrlich entspannten Biergarten Hirschau. Und wer dann am Abend erschöpft heimkommt, freut sich nur noch auf den Muskelkater am nächsten Tag. Weil der schön macht – und gesund – und einfach nur an ein paar glückliche Stunden erinnert – egal ob im Dirndl, in der Lederhosn oder nackt!

Englischer Garten, Prinzregentenstraße 1, 80538 München, Stadtviertel Schwabing
www.lederhosentraining.com
ÖPNV: U3, 4, 5, 6, Haltestelle Odeonsplatz, Bus 100, Haltestelle Königinstraße

LEDERHOSEN
AOK

Verrückt nach Datschi-Eis

42 *Bei den Gelatieri von „Ballabeni“*

Ganz München ist ballaballa nach Ballabeni. Denn in dieser Eisdiele ist alles anders. Dort bekommen die Gäste keine Waffeln, keine Sahne obendrauf, und sie schlecken gefälligst auch kein Eis. Basta! Die Ballabenis müssen's wissen, denn sie sind die besten Gelatieri der Stadt.
Chef Giorgio und sein Sohn Alberto bestehen auf ihrem Knigge. Regel numero uno: kein Sahnehäubchen! Denn der hohe Fettgehalt betäubt den Gaumen. Auch Waffeln beeinträchtigen den Geschmack. Deshalb kommt das Eis in einen Pappbecher. Due: Das Eis wird gelöffelt, nicht geschleckt. Denn nur so gelangt die richtige Menge einer einzigen Sorte in den Mund, nichts wird vermischt. Tre: Gezahlt wird nicht die Anzahl der Kugeln. Der Preis hängt davon ab, ob man den „Piccolo“-Becher (eine Sorte), einen „Classico“ (maximal zwei Sorten) oder einen „Grande“ (bis zu drei Sorten) wählt. Das Eis wird von einem Verkäufer zu einem Berg drapiert. Freestyle statt old-school.
Schon ab März stehen die Leute im Stammhaus an der Theresienstraße Schlange, um in den Genuss einer Creme zu kommen, die an Nutella erinnert. Sie schmilzt wie ein festeres Mousse auf der Zunge. Dieses Geschmackserlebnis hat Giorgio während seiner Kindheit in Padua abgespeichert. Um es nach München zu bringen, entwickelte er eine eigene Eismaschine. Mit ihr kann er Mango-Eis ohne Zucker herstellen, was den Geschmack intensiver macht. Die Crema gefriert an den Wänden ganz langsam zu einer Kruste. Wenn sie am Schaber hängt wie „la fiamma“, eine lodernde Flamme, ist es genau richtig.
Im Oktober schließt die Eisdiele in der Maxvorstadt. Dafür wird in der Eisdiele mit Werkstatt am Hauptbahnhof umso wilder an neuen Sorten getüftelt. Zu kaufen gibt es dort etwa Chai mit Cayennepfeffer und Schoko-Krokant-Rum, das mit Kakao statt mit billiger Kuvertüre gemacht wird. Auch DIY-Fans kommen auf ihre Kosten: Im Winter bietet Ballabeni Eis-Kurse an. Wer lieber daheim loslegen möchte, und zwar pronto – prego: Hier ist das Datschi-Eis, das Ballabeni extra für den Blog „Verrückt nach München“ kreiert hat.

Werkstatt in der Seidlstraße 28, 80335 München; Haupthaus in der Theresienstraße 46, 80333 München, Stadtviertel jeweils Maxvorstadt
www.ballabeni.de
ÖPNV: U1, 2, Haltestelle Königsplatz oder Stiglmaierplatz, Tram 20, 21, 22, Haltestelle Karlstraße

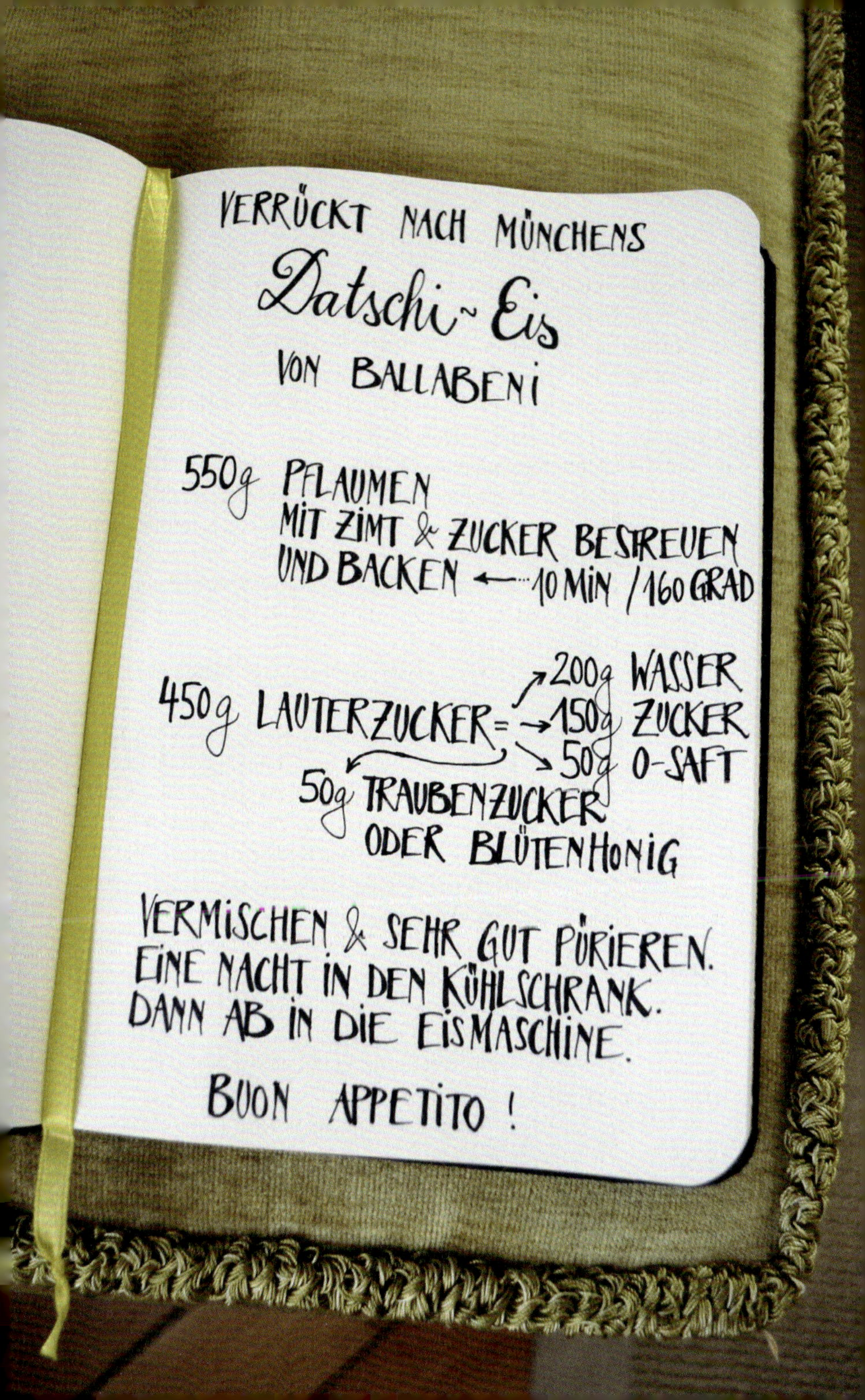
VERRÜCKT NACH MÜNCHENS
Datschi~Eis
VON BALLABENI
550g PFLAUMEN
MIT ZIMT & ZUCKER BESTREUEN
UND BACKEN ←... 10 MIN / 160 GRAD
450g LAUTERZUCKER = 200g WASSER
150g ZUCKER
50g O-SAFT
50g TRAUBENZUCKER
ODER BLÜTENHONIG
VERMISCHEN & SEHR GUT PÜRIEREN.
EINE NACHT IN DEN KÜHLSCHRANK.
DANN AB IN DIE EISMASCHINE.
BUON APPETITO !

Eine Weißwurst im Himmel

43 *Das Café „Vorhoelzer"*

Man muss sich nicht schämen, wenn man beim ersten Besuch fünfmal nach dem Weg fragen muss. Direkt nach dem Eingang der Technischen Uni nimmt man den Institutsgang links, der nach Kopiergerät, Haushaltsreiniger und Prüfungsangst riecht. Am Ende nach rechts ins Treppenhaus – von hier aus bringt einen der Lift in eine helle und weite Welt. Das Café „Vorhoelzer" ist quasi das Licht am Ende des Tunnels. Ein Wohlfühlort, skandinavisch-karg mit viel Weiß, Holz und nackten Glühlampen. Der Duft von Café au Lait und Croissants vermischt sich mit dem von Rührei, Räucherlachs und Weißwürsten, die im Porzellantopf serviert werden. Dazu gibt's Brezen, süßen Senf und ein Weißbier, ein echtes Münchner Frühstück eben. Raus damit auf die Dachterrasse! Sie bietet Münchens beste Aussicht. Hinter dem Königsplatz, den Pinakotheken und der Theatinerkirche erheben sich imposant die Alpen.
Im Prinzip ist es die Cafeteria der Architektur-Fakultät. Namensgeber war der Architekt und TU-Rektor Robert Vorhoelzer. Doch nicht nur Studenten sind hier glücklich – jeder darf die Sonne genießen. Im Sommer gibt's Cocktails, im Winter Glühwein. Und was heißt hier Winter? Da setzt der Münchner seine Sonnenbrille auf, fläzt sich in einen freien Liegestuhl und macht aus dem Februar einen Juni. Eine Sensation ist auch der samtige Kaffee. Der Barista malt gerne Einhörner, eine barbusige Frau oder das Antlitz des Gastes in den cremigen Milchschaum. Wer kein Koffein braucht, holt sich einen Bio-Tee mit bayerischen Namen wie „Scheene Leni", „Pfiffiga Beppi" oder „Gsunda Xare", dazu das Tagesgericht oder ein einfaches Panini.
Später dann, im goldenen Abendlicht, wird gerne der Grill angeheizt. Gibt es eine Hochzeit oder einen Geburtstag zu feiern, tänzeln auf der Balustrade Luftballons im Wind. Aber auch die ganz normalen Abende sind etwas Besonderes: Bei einem Glas Wein, Kerzenschein und langen Gesprächen versinkt die Sonne hinter den Türmen und Gauben der Stadt. Wie himmlisch das ist, fühlt man ohne Worte.

Café „Vorhoelzer" in der Technischen Universität München, Arcisstraße 21, 80333 München, Stadtviertel Maxvorstadt, www.vf.ar.tum.de/cafe

ÖPNV: U1, 2, Haltestelle Theresienstraße, Bus 100, 150, Haltestelle Technische Universität, Bus 153, 154, Tram 27, 28, Haltestelle Pinakotheken

Für Opa Molli Ruckdeschel

44 *Ein Bankerl im Englischen Garten*

Es ist ein bisschen Loriot, was da auf einem Messingschild steht: „Zum Ausrasten für Opa Molli Ruckdeschel und seinen virtuellen Hund“. Die polierte Plakette hängt an einer Parkbank im Englischen Garten, ganz in der Nähe von Klenzes steinerner Bank beim Chinesischen Turm. Wer sich hier niederlässt, kommt automatisch zur Ruhe und genießt: die Weite der Wiesen um den Monopterus, die fast lautlos vorbeitrabenden Pferde und das Gluckern des Entenvolierebachs, der sich hinterrücks vorbeischlängelt und die dezente Blasmusik aus dem Biergarten schluckt. Ein Künstler zieht schlauchige Seifenblasen durch die Luft, Kinder werfen Kiesel ins Wasser, Hunde schnappen sich darin treibende Äste. Wer genau hinsieht, entdeckt mittendrin Opa Mollis Zamperl.

Immer wieder beugen sich Spaziergänger an einer der 500 Parkbänke im Englischen Garten vor und schmunzeln über die oft skurrilen oder romantischen Gravuren. Hier haben etwa Juli und Peer ihren „Stattbalkon“ gefunden – statt Balkon halt. Woanders ist „Reserviert. Für immer. Für Jule und Sven“. Neben der „Bank von Toni Hein“ steht die „Für Tonis Freunde“. Ein Unbekannter hat eine „Sonnenbank für Prüflinge“ gestiftet. Und Kollegen aus dem Betriebsrat erklären Peter zum Renteneintritt: „Es ist nie zu spät, die Bank zu wechseln.“

Eine Patenschaft im Englischen Garten dauert fünf Jahre und funktioniert über eine Spende. Damit werden die dem Wetter und Vandalismus ausgesetzten Bänke repariert. Ihr Holz kommt von den drum herum stehenden Bäumen. Die Warteliste ist lang. Auch für die Parkbänke in der Maxanlage, im Hofgarten, im Nymphenburger Park oder am Schloss Schleißheim muss man sich ewig gedulden.

Grund zum Ausrasten gibt es aber nur im friedlichen Sinne. Auf Bayerisch bedeutet der Begriff das genaue Gegenteil. Entspannen statt explodieren! Denn natürlich darf jeder auf seiner Lieblingsbank sitzen. Opa Molli Ruckdeschel und sein virtueller Hund hätten sicher nichts dagegen.

In der Nähe von Leo von Klenzes steinerner Bank, Englischer Garten 3, 80538 München, Stadtviertel Lehel

ÖPNV: Tram 18, Haltestelle Tivolistraße, Bus 54, 150, 154, Haltestelle Hirschauer Straße, U3, 6, Haltestelle Universität

Zum Ausrasten
für Opa Molli Ruckdeschel
und seinen virtuellen Hund

Street-Art zum Abtauchen

45 *Freiluft-Ausstellung im Schlachthofviertel*

Warm strahlt die Sonne über die Ziegelwand. Der Himmel ist blau und unendlich hoch. Kaum ein Wölkchen macht sich breit – und wenn, wär's auch egal. Die Graffiti-Wand in der Tumblingerstraße ist nicht nur eine megacoole Freiluft-Ausstellung, sondern ein Ort zum Abtauchen in eine andere Welt. Auf den ersten Blick ist es ein buntes Durcheinander. Bei genauerem Hinsehen lässt sich ein etwa mannsgroßer Fliegenpilz ausmachen, der verwegen guckt; drum herum fliegen Seifenblasen in allen Größen, weiter hinten ein Schriftzug: „Sie sagen Kunst und meinen Kohle".

Lang ist die Mauer im Schlachthofviertel. Bis sie an einem Ende in die Eisenbahn- und S-Bahn-Unterführung mündet, gibt es viel zu entdecken. Keine andere Ecke in München steht so sehr als Synonym für künstlerische Entfaltung. Hier ist eine der seltenen Stellen, an der Graffiti-Künstler legal zu ihrer Spraydose greifen und Wände besprühen dürfen. Das, was dabei entsteht, ist inzwischen durchaus als Kunst anerkannt.

Bestes Beispiel ist der Sprayer Banksy aus Großbritannien. Er hinterlässt seine Motive weltweit an Mauern und Wänden. Ganze Ausstellungen widmen sich dem Künstler, der ein Mysterium um seine Identität macht, um bei nicht genehmigten Aktionen anonym zu bleiben. Das ist der ursprünglich vor allem illegalen Gaffiti-Szene geschuldet, deren Wurzeln auch im Münchner Untergrund zu finden sind. Mit ihren Anfängen Mitte der 80er-Jahre hat München die älteste Graffiti- und Street-Art-Tradition in ganz Deutschland.

TIPP Wer mehr gucken will, geht ins „MUCA", das erste Museum of Urban and Contemporary Art in Deutschland.

Den Sprayern in der Tumblingerstraße ist das egal. Sie wollen die Münchner Mauern ein bisschen bunter machen, durchaus auch mit einer politischen oder gesellschaftskritischen Note à la Banksy. Dafür kommen sie zu jeder Jahreszeit, bei gutem oder schlechtem Wetter, am Tag und in der Nacht. „Es geht darum, etwas Schönes zu hinterlassen", sagt Loomit, Münchner Sprayer der ersten Stunde. Wer davorsteht, genießt und schweigt!

- **Ziegelwand, Tumblingerstraße 29, 80337 München, Stadtviertel Isarvorstadt**
- **ÖPNV: U3, 6, Haltestelle Poccistraße, Bus 62, Haltestelle Tumblingerstraße**

Regio-Trend trifft Pausenhof

46 *Bauernmarkt an der Klenzestraße*

Einmal in der Woche wird das laute Schulhof-Gebrüll abgelöst vom geschäftigen Treiben auffallend entspannter Großstädter. Dann nämlich, wenn auf dem Pausenhof der Grundschule an der Klenzestraße im Glockenbachviertel der wöchentliche Bauernmarkt zum Einkaufen, Flanieren, Ratschen und Kaffeetrinken einlädt. Dabei ist der junge Glockenbach-Hipster hier genauso vertreten wie das typische Münchner Urgestein in Lederhosn und mit weich rollendem R in der Stimme.

Mehr als 40 Bauernmärkte gibt es in ganz München verteilt. Wochenmärkte könnte man sie auch nennen, denn sie sorgen einmal wöchentlich für bäuerliches Flair, Wohlfühlatmosphäre und Mut zur Tradition. Donnerstags trifft sich das Münchner Volk beispielsweise auf der Schwanthalerhöhe und mittwochs am Mariahilfplatz. Besonders schön ist's samstags auf dem Klenzemarkt. Von 8 bis 14 Uhr können auf Nachhaltigkeit bedachte Besucher die Standl der regionalen Kleinbetriebe ausräubern, ihre liebsten Produkte, Käse, Obst und Gemüse, frischen Fisch und herrlich duftende Backwaren inspizieren, probieren und schließlich einkassieren – in den original Bio-Jutebeutel aus echtem Hanf, versteht sich.

Nein, mal ehrlich: Klar lässt hier der ernährungsbewusste Öko-Münchner nicht lange auf sich warten. Aber auch der Normalo kommt – auf einen Ratsch mit dem Südtiroler Bauern, der mit einer Seelenruhe seinen Speck aufschneidet und dem interessierten Kunden erklärt, wie seine Tiere behandelt werden und warum auch der hartgesottenste Veganer doch einmal probieren sollte.

Der Schul-Hausmeister verkauft Kaffee aus einer kleinen Hütte, daneben kann man Antiquitäten, Fährräder oder Tische kaufen, je nachdem, was im Angebot ist. Ein Häuschen weiter steht der indische Käsemann, der mit Vorarlberger Dialekt sein Käsesortiment anpreist. Und davor, auf der roten Sportbahn, dreht ein Bub beherzt seine Jubelrunde. Auch er kommt jeden Samstag – aber nicht wegen der regionalen Produkte, sondern weil einmal die Woche Fußball mit den Jungs einfach sein muss.

Klenzemarkt, Klenzestraße 48, 80469 München, Stadtviertel Glockenbachviertel
ÖPNV: U1, 2, Haltestelle Fraunhoferstraße

Parmesan
Ohne Chemie und Konservierungsstoffe
Mit Naturrand
2.99 Nussig 2.19
100g
Parmesan
Olivensalat
Gorgonzola
Almbauen Emmentaler 1.89
Almbauen Bergkäse
100% aus Rohmilch 1.89
Parmesan 2.99 grana 2.19
Alpen Rahmkäse 1.89
Alpen Sennkäse 1.89
Bergblumenkäse 2.49 2.19
Alpen Rotweinkäse 1.99
Bergcamembert 1.99
Kuh Brie 1.99
Alpen Magerkäse 1.89
Almbauernbutter 250g 3.-
Alpen Wallnusskäse 100g 2.19
Silofreier Rohmilch Käse U. Biologisch
Bergkäse mild
Bergkäse

47 *Zwei halbe Plätze an der Uni*

Gleich geht's um alles. Abschlussprüfung. Jetzt noch mal den Kopf lüften und das Leben spüren. Leben gibt es hier, am Geschwister-Scholl-Platz, genug. Auf der Wiese plaudern Studenten, andere lernen sich beim Fußballspielen kennen. Der Springbrunnen in der Mitte schluckt den Lärm der Autos von der Ludwigstraße. Auf seinem Rand sitzen Leute mit Sonnenbrillen und strecken ihre Füße ins Wasser, wo schon Bier und Schampus kühlen. Nach der Prüfung hat einen das Leben wieder.

Auch der Boden erzählt vom Leben. Steinerne Flugblätter dokumentieren den Widerstand der „Weißen Rose" gegen den nationalsozialistischen Unrechtsstaat. Drinnen, im Lichthof, haben Hans und seine Schwester Sophie den Stapel Papier von der Brüstung geworfen, der ihnen zum Verhängnis wurde. Direkt vor dem Haupteingang findet sich nun ein eingelassenes Blätterensemble für die Geschwister Scholl und Christoph Probst.

Auf der anderen Seite der fünfspurigen Ludwigstraße spiegelt sich der halbrunde Geschwister-Scholl-Platz und wird mit dem Professor-Huber-Platz zu einer Einheit. Hier steht ein zweiter Springbrunnen nach den Plänen von Friedrich von Gärtner. Die Vorbilder finden sich auf dem Petersplatz in Rom. Nachts sind die Brunnen beleuchtet. Dann wirkt es märchenhaft, wie die obere Schale das Wasser auffängt, bevor es sich wie ein seidener Vorhang ins große Becken ergießt. Und wie selbstverständlich setzt sich auch hier das Mahnmal der Flugblätter fort mit Abschiedsbriefen und Todesurteilen für Alexander Schmorell, Willi Graf, Hans Leipelt und ihren Professor Kurt Huber.

TIPP Am Lichthof der LMU zeigt die „DenkStätte Weiße Rose" eine Dauerausstellung über die Widerstandsgruppe.

Manchmal liegen weiße Rosen auf dem Brunnen. Und auch im Lichthof der Ludwig-Maximilians-Universität steht auf einer Bronzebüste von Sophie Scholl stets ein frischer Strauß weißer Rosen. Für die Erinnerung und die Freiheit. Die zwei halben Plätze an der Uni haben eine Seele. Die wilden 68er demonstrierten hier, wo auch heute noch der Widerstand beginnt – gegen Fremdenhass etwa oder Studiengebühren. Ein Ort voller Selbstbewusstsein, Toleranz und Leben.

Geschwister-Scholl-Platz 1 und Professor-Huber-Platz, 80539 München, Stadtviertel Maxvorstadt
www.weisse-rose-stiftung.de
ÖPNV: U3, 6, Bus 150, 153, 154, Haltestelle Universität

Hyggelig zusammenrücken

48 *Der „Emilo"-Laden und seine Rösterei*

Kuschlig ist es in dem winzigen „Emilo"-Café im Glockenbachviertel. Viele kommen, um zu bleiben, genießen den Kaffee der gleichnamigen jungen Münchner Rösterei, die Jahr für Jahr erfolgreicher wird und inzwischen sogar die Basketballer des FC Bayern sponsert. Kein Wunder. Denn die Röstung ist sagenhaft gut, und Kaffeetrinken macht ja besonders glücklich. Gemeint ist das dänische Lebenskonzept Hygge, das der Glücksforscher Meik Wiking mit seinem Buch in die ganze Welt hinausträgt. Es geht um Geborgenheit, ums Zusammensein, um „Wir" statt „Ich".
So ist es auch hier im „Emilo". „Habe die Ehre", ruft der Mann hinter der kleinen Kasse zwei Glockenbachern zu, die offenbar nicht das erste Mal hier sind, zwei Latte macchiato bestellen und dann auf den Barhockern am Fenster Platz nehmen. Damit ist der Laden eigentlich voll. Und dennoch hindern die räumlichen Verhältnisse die engagierte Kaffee-Kundschaft nicht daran, einzutreten. Eine Mutter parkt ihren Kinderwagen vor der Tür und holt sich einen Emilo für die kleine Bank draußen. Ein Bursche schummelt sich an ihr vorbei, bringt leere Tassen zurück. „Merci" – ein vorne betontes „merssi" – kommt von hinten, und es ist nicht französisch gemeint, sondern bayerisch mit kurzem „i". Es ist Anton Filser, vollbärtig und stark tätowiert, den alle hier nur liebevoll Toni Maroni nennen. Als gelernter Konditor verwöhnt er die Gäste mit hauseigenen Kuchenkreationen und Zimtschnecken mit Vanillekern. Ganz nebenbei ist ihm auch noch eine eigene Kaffeemischung gewidmet. Der „Wilde Filser" ist ein „Emilo"-Original, eine kräftige Röstung. Passt! Ein Pärchen kommt vom Shopping, ordert zwei Cappuccino zum Runterkommen und inspiziert derweil die vielen anderen „Emilo"-Mischungen, die bunt verpackt an der Wand aufgereiht sind. Sie werden inzwischen nicht nur in Münchner Cafés, sondern auch im KaDeWe in Berlin und sogar in Singapur bei der Kaffee-Kette „The New Black" verkauft. Na also: Munich goes around the world! Das ist dem Pärchen egal. Zwei Päckchen „Wilder Filser" reichen erst mal, um es sich auch zu Hause schön hyggelig zu machen.

„Emilo", Buttermelcherstraße 5, 80469 München, Stadtviertel Glockenbachviertel
www.emilo.de

ÖPNV: Bus 52, 62, Haltestelle Blumenstraße oder Gärtnerplatztheater, Tram 16, 17, Haltestelle Reichenbachplatz, S1, 2, 3, 4, 6, 7, 8, Haltestelle Isartor

PLAYBOY
ALLES, WAS MÄNNER LIEBEN
ALLES, WAS MÄNNER LIEBEN
Heute mit Land & Leute
AZ-Rundgang
Giesing und Au – alles im (Um-)Bau
Vester und Fierek: Schwabing ist tot!
Zum Wohl:
Die Seite Drei
WWW.SÜDDEUTSCHE.DE
MÜNCHEN, FREITAG, 4. AUGUST 2017
73. JAHRGANG / 31. WOCHE / NR. 178 / 2,90 EURO
Das Streiflicht
ZEITUNGEN BITTE
ORDENTLICH ZURÜCK
MERCI DA TONI

Trödel und Viertel-Romantik

49 *Hinterhofflohmarkt in Haidhausen*

Es gibt frisch gebackenen Apfelkuchen mit Streuseln. Wer will, kriegt noch einen Klecks Sahne drauf. Auf der kleinen Terrasse im Hinterhof zieht Jörg seinen Grill heraus. „Den heizen wir später an", ruft er. Für Fleisch ist es tatsächlich noch etwas früh. Und obwohl es gerade mal zehn Uhr ist, sind schon einige unterwegs. Sie machen Straßen, Wege, Garagendurchgänge unsicher, tasten sich vorsichtig bis in die Hauseingänge vor, haben schließlich keine Scheu, auch das letzte Gärtchen neugierig zu inspizieren. Und genau so soll es sein.

Die Besucher tummeln sich vor allem rund um den Weißenburger Platz. Wer genauer hinschaut, merkt: Auf dem Hinterhofflohmarkt geht's nicht ums Kaufen und Verkaufen, sondern um ein nettes Miteinander. Gerade in Haidhausen hängen die Menschen besonders an ihrem Viertel. „Hier haben die Leute für eine Großstadt noch enorm viel Kontakt zueinander. Ob Nachbarschaftshilfe oder Hinterhoffeste, das kennt man so sonst nur vom Dorf", weiß Johann Baier, Vorsitzender des Vereins Freunde Haidhausens. Bunte Luftballons weisen den Weg durch die Hinterhöfe, die beim Flohmarkt mitmachen. Jörg hat inzwischen auch die Gasflasche für seinen Grill gefunden. Ein Nachbar von gegenüber hilft ihm beim Anschließen. Nebenan gibt's Bücher, Vasen, eine Kartoffelpresse „von der Oma" und Kisten voller Klamotten. „Alles 1 Euro" steht auf einem Schild. Kinder springen aufgeregt um ihren eigenen Verkaufsstand. Sie haben eine Decke auf dem Boden ausgebreitet, darauf liegen Pixi-Bücher, Spielkarten, selbst gemalte Bilder und Steine. „Ich hätte nie gedacht, dass es hier hinten so grün ist", sagt eine Flaneurin. „Wir sind doch mitten im Wohngebiet!" Die Frau am Stand reicht ihr eine Tasse Kaffee. Gemeinsam überlegen sie, wo sie sich schon mal begegnet sein könnten. Sie kommen nicht drauf. Am Ende nimmt die Besucherin für 50 Cent eines der selbst gemalten Kunstwerke mit und freut sich über die neu gewonnene Bekanntschaft. „Ich komm später noch mal", ruft sie, „wenn der Grill an ist!"

TIPP Hinterhofflohmärkte finden ab April immer freitags oder samstags in allen Münchner Stadtvierteln statt.

Hinterhofflohmarkt rund um den Weißenburger Platz, 81667 München, Stadtviertel Haidhausen
www.hofflohmaerkte.de/muenchen

ÖPNV: U5, Haltestelle Ostbahnhof, S1, 2, 3, 4, 6, 7, Haltestelle Ostbahnhof, S1, 2, 3, 4, 6, 7, 8, Haltestelle Rosenheimer Platz, Tram 15, 25, Haltestelle Rosenheimer Platz

SCADA

Heute bitte etwas Meer

50 *Bootfahren auf dem Kleinhesseloher See*

Manchmal vermisst man das Meer in München. Für einen Tagesausflug ist der Gardasee dann doch zu weit weg. Lieber ausschlafen und dann los zum Wassersport für Entspannte!

Herrlich retro geht es nicht zum Stand-up-Paddling, sondern auf ein Ruder- oder Tretboot, bei dem die Sonne schon an der Farbe geleckt hat. Bootfahren auf dem Kleinhesseloher See im Englischen Garten hat Kultstatus. Inmitten von schnatternden Enten schippert man um drei Inseln herum, auf denen die Tiere in Ruhe brüten: Königsinsel, Kurfürsteninsel und die kleine Regenteninsel im Westen. Dort bringt der wunderschön benannte Oberstjägermeisterbach das Wasser für den See aus dem Eisbach.

Der Kleinhesseloher See ist kein natürlicher See, sondern Kunst. Gartenbaumeister Reinhard von Werneck legte ihn um 1800 an. Der See lag zu dieser Zeit zwischen dem Dorf Schwabing und Kleinhesselohe, damals ein bewachter Posten am Nordrand des Parks am Eingang zur Hirschau. Bald wurde am See Bier ausgeschenkt, Spaziergänger konnten Milch und kalte Speisen kaufen, ein hölzerner Tanzschuppen kam hinzu – und der Erfolg war gesichert. Und auch heute noch finden sich viele nette Biergärten wie die Hirschau in direkter Umgebung.

Vom Ufer winken die Leute herüber, Schwäne kreuzen, um das Ruderboot herum schlingern Graskarpfen, Schleien und Hechte, die sich in dem nährstoffreichen Wasser wunderbar vermehren. Jeden Herbst wird der See abgefischt. Baden darf man im Kleinhesseloher See dennoch nicht, aber das will auch keiner angesichts der vielen Enten und einer Tiefe von maximal gerade mal 60 Zentimetern.

Das hat auch was Gutes: In besonders kalten Wintern ist ein Großteil des Sees zugefroren. Dann kommen sie alle: Schlittschuhläufer, Schlitterfreunde, Eishockeyspieler. Einige Münchner machen sich immer wieder einen Spaß daraus, leere Maßkrüge aus dem nahen Seehaus wie beim Eisstockschießen über den See gleiten zu lassen, die dann an einem warmen Wintertag – plopp – für immer verschwinden.

- **Kleinhesseloher See im Englischen Garten, 80802 München, Stadtviertel Schwabing**
- **ÖPNV: U3, 6, Tram 23, Haltestelle Münchner Freiheit, Bus 59, Haltestelle Osterwaldstraße**

Fesche Oktoberfest-Schwester

51 *Die „Oide Wiesn“*

Hinter dem Riesenrad wird die Zeit zurückgedreht. Im Südteil der Theresienwiese drehen sich Schwäne und Schweine auf historischen Karussells, Kinder hutschen in Schiffschaukeln, Pferde rennen um die Wette. Die „Oide Wiesn“ ist der entspannte Teil des Oktoberfests.

In Festzelten mit Namen wie „Herzkasperl“ oder „Tradition“ grölen keine Gäste auf den Bänken, es fliegen keine Krüge, es regnet kein Bier. Wäre ja auch schade drum, immerhin brauen es die großen Brauereien der Stadt gemeinsam nach altem Rezept und schenken es in tönernen Keferloher-Krügen aus. Auf den Teller kommen Bio-Hendl, Zander aus dem Ammersee oder das Hechtenkraut, das Ludwig II. gerne aß. Auf einer Tanzfläche in der Mitte wirbeln Männer ihre Liebste im Kreis, bis allen schwindlig ist. Dazu gibt's Volksmusik nach Münchner Tradition – kein „Atemlos“. Von draußen dringen die Hiebe der Goaßlschnoizer herein, die ihre Peitschen über den Köpfen knallen lassen.

So klein sie auch sein mag: Die „Oide Wiesn“ bietet alles, um Familien und Romantiker glücklich zu machen. Kinder versuchen sich im Reifenrollen, Wurstschnappen, Hosenlaufen oder Pfennigfuchsen. Zwischen historischen Bulldogs spielen Jahrmarktorgeln aus einer fast vergessenen Zeit. Auf der ältesten reisenden Steilwand der Welt ziehen Motorradfahrer seit 1928 ihre kühnen Runden.

Nach einer Zuckerwatte oder einer Handvoll gebrannter Mandeln geht's auf zum kuriosen Fahrradrennen im Velodrom und in die restaurierten Autoscooter aus den 50ern. An den nostalgischen Wurf- und Schießbuden zielt man, bei der „Dicken Berta“ haut man, um ein Eisen ganz nach oben zur Glocke zu manövrieren.

Bei der „Fahrt ins Paradies“ geht die Berg- und-Talfahrt vorbei an Bildern aus den Poesiealben der Oma. Von damals stammen auch die Preise: Eine Fahrt – egal wo – kostet nur einen Euro. Am besten zerzausen die Haare im „Calypso“, bei dem derart rasant Autos umeinander kreisen, dass die bunten Volksfestlichter vor den Augen verschwimmen. Gut, dass im Kettenflieger Beine und Seele baumeln können.

Theresienwiese, Bavariaring, 80336 München, Stadtviertel Sendling
ÖPNV: U3, 6, Bus 62, Haltestelle Poccistraße

Bier

Einer für alle, alle für einen

52 *Das Café „Ruffini"*

„Rooftop" sagt man in New York, wenn man sich über die Dächer der Stadt auf eine luftige Dachterrasse begibt. Klar: München ist nicht gerade New York. Die Häuser sind keine Wolkenkratzer und dementsprechend die Rooftops weniger mondän, dafür aber lauschig und kommod.
Die kleine Dachterrasse des Cafés „Ruffini" in Neuhausen ist so ein Ort der Gemütlichkeit und Glückseligkeit. Im ersten Stock gelegen, ist die Aussicht nicht gerade spektakulär. Dafür können die Gäste Kuchen aus der hauseigenen Backstube oder ein Glas Wein genießen und dabei einen Blick in die idyllischen Nachbargärten riskieren.
Seit 1978 gibt es das „Ruffini" – eine Münchner Institution. Acht selbst ernannte Gastro-Idealisten haben sich damals zusammengetan. Ihr alternatives Konzept: Arbeiten ohne Chef – und jedem gehört ein Teil des Ganzen. Die Idee: eine italienische Cantina mit angrenzendem Laden. Es gibt Frühstück und Kuchen. Am Abend lockt südländisches Flair mit leckerem Essen und einer Auswahl von mehr als 90 italienischen Weinen, Grappe und Olivenöl aus eigenem Import. Anregende Gespräche und weltverbessernde Diskussionsrunden bleiben da nicht aus. Wer Ruhe braucht, schnappt sich eine Zeitung oder ein Buch aus dem Regal und zieht sich zurück. Manch einer studiert die Kunstwerke an den Wänden, die in wechselnden Ausstellungen das Restaurant fast unbemerkt verändern.

TIPP Zwischen September und Mai gibt es ein Kulturprogramm mit Kabarett, Jazz, Kino und Lesungen.

Konzept und Idee haben bis heute überlebt. Aus den acht Gründern sind inzwischen 25 geworden, die immer noch versuchen, die Dinge im Kollektiv zu regeln, und für ein gutes antikapitalistisches Grundgefühl sorgen. Wer einst als Student kam, bringt heute seine Kinder mit und trifft sich mit anderen Eltern auf einen Kaffee und eine heiße Schokolade. Diskutiert wird immer noch gern – vielleicht nicht mehr ganz so idealistisch wie früher, dafür aber um einiges entspannter und am liebsten auf der sonnigen Terrasse mit Blick auf die Gärten der Nachbarn.

Café „Ruffini", Orffstraße 22-24, 80637 München, Stadtviertel Neuhausen
www.ruffini.de
ÖPNV: Tram 12, Haltestelle Volkartstraße, U1, 2, Haltestelle Rotkreuzplatz

Zeit mit Zuckerguss

53 *Das soziale Projekt „Kuchentratsch“*

Ihr braucht zum Geburtstag einen Käsekuchen? Opa Norbert schickt euch gerne einen per Post. Oder eine Rübli-Torte für ein Kaffeekränzchen mit Freunden? Oma Irmgard macht sogar noch ein Frischkäsetopping mit Blüten obendrauf. Beim Projekt „Kuchentratsch“ backen Senioren gemeinsam in einer Backstube im Westend, um ihre Rente aufzubessern und neue Kontakte zu knüpfen. Apfel-Streusel statt Isolation.

Den besten Kuchen gibt es bei der Oma – zu kaufen aber nirgendwo. Das erkannten Katharina Mayer und Katrin Blaschke, als sie BWL studierten. Ihre Geschäftsidee ist dabei alles andere als altbacken: Die jungen Frauen gründeten ein Social-Start-up. Das Selbstgebackene trägt Namen wie „Yeah Geburtstagskuchen“ und kann im Verkaufsraum vor der Backstube probiert, abgeholt oder auch online bestellt werden. Mithilfe von Crowdfunding hat „Kuchentratsch“ Backbücher herausgebracht – ohne großen Verlag, weil man bei Optik und Geschmack keine Kompromisse eingeht. Und wenn in den kalten Wintermonaten in München die Eisdielen schließen, eröffnen die Macher dort kurzerhand ein Pop-up-Café mit Lebkuchen und dem schokoladigsten Guglhupf, den man sich vorstellen kann. Altbewährtes geht neue Wege.

Ein Stück vom Kuchen kann man überall in der Stadt bekommen. Viele Cafés wie das „Marita“, „Black Bean“ und „Deli Star“ lassen bei „Kuchentratsch“ backen, Unternehmen ordern für ihre Büfetts, aber auch für spontane Treffen im Park oder Geburtstage im Kindergarten wird bestellt. Denn die Oma-Kuchen sind nicht nur optisch wie geschmacklich zum Dahinschmelzen – sie kosten auch nicht die Welt. Im Vordergrund steht das Ziel, gesellschaftlich etwas zu bewegen und einen Beitrag für ein gutes Miteinander zu leisten. Und das kommt an.

An die 30 Senioren verquirlen in der Backstube regionale Zutaten und Erinnerungen, heben Geheimzutaten und Geschichten von den Enkeln unter und verratschen gemeinsam die Backzeit. Beim Abspülen zieht der Geruch von zimtigen Äpfeln und süßlichen Quark in die Nase – wie bei der Oma.

„Kuchentratsch“, Landsberger Straße 59, 80339 München, Stadtviertel Westend
www.kuchentratsch.com

ÖPNV: Tram 18, 19, Haltestelle Schrenkstraße, S1, 2, 3, 4, 6, 7, 8, Haltestelle Donnersberger Brücke, U4, 5, Haltestelle Theresienwiese

Am See baumelt die Seele

54 *Das Bauwagen-Café „Gans am Wasser"*

Es braucht nicht viel für ein bisschen Unbeschwertheit. Manchmal reicht ein alter Bauwagen – wie hier im Westpark am Mollsee, ganz nah am Wasser im „Gans am Wasser". Die Flanken des Wagen-Cafés sind hochgeklappt. Es gibt Kaffee und Kuchen, Wein, Bier, Eis und indisches Essen. Die Gäste machen es sich auf den Bierbänken davor gemütlich oder direkt am Ufer, auf kunstvoll zusammengenagelten Paletten und Stühlen, die mal Badewannen waren. Ein paar Couch-Sessel haben die Betreiber des „Gans am Wasser" bei Haushaltsauflösungen ergattert.

Das Publikum ist gemischt. Ein älteres Pärchen sitzt etwas abseits, sie liest ein Buch, er in der Zeitung. Vorne am Wasser cremt eine Mutter ihre spielenden Kinder ein. Gänse kreisen gemächlich über dem Wasser. Zwei Radler machen halt und trinken was. Ein mildes Lüftchen bewegt sachte die bunten Tücher im Pavillon. Wem es zu heiß ist, der versteckt sich hier oder unter einem der mit Pailletten und Quasten verzierten Sonnenschirme. Ein kleines Zirkuszelt bietet außerdem Schutz vor Sonne, Regen oder Schnee. Das „Gans am Wasser" hat nämlich auch im Winter geöffnet. Dann gibt's Glühwein, dicke Decken und die Möglichkeit zum Schlittschuhlaufen auf dem zugefrorenen Mollsee.

In jedem Fall ist es wie Urlaub mitten in der Stadt. Am liebsten will man nie mehr gehen.

Vereinzelt sieht man Mädels mit Yoga-Matten, die an einem Glas mit frisch gepresstem Saft schlürfen. Es ist Donnerstag. Da findet in dem kleinen Zelt abends immer eine Yogastunde statt. An anderen Tagen werden Malerei-Workshops oder Open-Stage-Veranstaltungen angeboten, bei denen jeder mit seinem Musikinstrument vorbeischauen und mitmachen oder einfach nur zuhören kann. Nachmittags kommen auch mal die Kleinen zum Zug, beim Kasperltheater oder einer Märchenstunde mit Kinderbasteln. Die meisten aber kommen eher spontan vorbei und genießen es, die Seele baumeln zu lassen – ganz am Wasser.

Café „Gans am Wasser", Mollsee im Westpark, Siegenburger Straße 41, 81373 München, Stadtviertel Sendling-Westpark, www.gansamwasser.de

ÖPNV: U4, 5, Haltestelle Heimeranplatz, S7, Haltestelle Heimeranplatz, U6, Haltestelle Partnachplatz, Bus 62, 130, N43, Haltestelle Baumgartnerstraße

GANS AM WASSER

Integration bei Minusgraden

55 *Eisstockschießen am Hinterbrühler See*

Kalt muss es sein, eiskalt! Denn bei knackigen Minusgraden kommen Eisstockfans erst so richtig auf Hochtouren. Wenn man die spielwütigen Grüppchen auf dem gefrorenen Hinterbrühler See beobachtet, zeigt sich schnell: Eisstockschießen ist heute vor allem generationenübergreifend. Die Ur-Münchner Tradition wurde in den letzten Wintern wiederbelebt. Das verstaubte Eisstockimage von älteren Herren, die mit Flachmann aufs Eis kommen, ist längst passé.

Ein Glück: In schönster Natur gelegen und doch mitten in der Stadt hat sich dieses romantische Fleckchen Erde in Hinterbrühl noch nicht so recht rumgesprochen. Die meisten gehen zum bekannteren Eisstock-Hotspot am Nymphenburger Kanal. Doch die wahren Originale trifft man hier: Eisstockprofis, die sich seit Jahrzehnten zum Schießen treffen. Offen gegenüber Neuem sind sie und erkennen den Wandel, in dem sich ihr Sport befindet. Deshalb sind sie begeistert, wenn sich auch mal junges Volk hierher verirrt.

Vielleicht werden die Neulinge zunächst ein bisschen skeptisch beäugt. In kürzester Zeit aber schmilzt das Eis – und zwar nicht das unter den Füßen. „Weniger Schwung und den Eisstock locker halten", sagt Bernhard. Er gehört zu den alten Hasen. Die Stimmung ist ausgelassen, die Freude groß, und der Sport verbindet. Integration auf dem Eis könnte man das glatt nennen.

Dabei sind die Regeln ganz einfach. 15 Zentimeter dick muss die Eisplatte sein. Das gibt die Stadt München so vor. Kleinere oder größere Gruppen schießen mit bunten Eisstöcken auf die sogenannte Daube. Wer am nächsten dran ist, gewinnt. Deutschlandweit gibt es Vereine und Verbände, die das Eisstockschießen pflegen. Doch hier am Hinterbrühler See muss man kein Profi sein. Von November bis Januar ist Betrieb – sofern das Eis hält. Ab 17 Uhr gibt's sogar Flutlicht fürs Nachtschießen. Und wenn's zu kalt wird, holt man sich eine Tasse Glühwein oder eine Bratwurstsemmel am Kiosk.

- **Eisstockbahn Hinterbrühler See, Hinterbrühl 1, 81479 München, Stadtviertel Thalkirchen**
- **ÖPNV: U3, Haltestelle Thalkirchen, Bus 135, Haltestelle Campingplatz Thalkirchen**

Mäuschen in der Kuschelhöhle

56 *Die U-Bahn-Station Westfriedhof*

Ingo Maurer macht München untenrum vorzeigbar. Der Lichtkünstler gestaltete die U-Bahnhöfe Marienplatz und Münchner Freiheit – mit Abstand am schönsten ist aber die Station Westfriedhof. Dort hängen elf bauchige Lampen mit einem Durchmesser von 3,80 Metern. Sie sind innen blau, gelb und rot lackiert, unterteilen den Bahnsteig optisch und spenden ein wohliges Licht. Zwischen den rau belassenen Wänden fühlen sich die wartenden Fahrgäste wie in einer kuschligen Höhle.

In dieser heimeligen Atmosphäre unterhalb der Orpheusstraße steigen Menschen aus, um auf den Gitterstühlen am Bahnsteig zu verweilen, zu sich zu kommen und dabei Leute zu beobachten. Mütter mit Kinderwagen drängen sich in einen einfahrenden Kurzzug, Hunde warten artig, ein blinder Mann tastet sich mit seinem Klappstock vorsichtig am Bahnsteig entlang, Spatzen picken Futter aus den Ritzen. Winzig kleine Mäuse huschen derweil über das Gleisbett – Ratten tummeln sich in München keine. Ein quirliger, unaufdringlicher Ort im Untergrund.

Wer sich lange genug hier aufhält, erlebt mit etwas Glück auch die beiden verrückten Twins. Die stadtbekannten Öhlschläger-Brüder tragen die knappsten Hotpants und manchmal auch nur Tangas – dazu passend gerne bauchfrei. Im Winter werden ihre Jacken dicker, aber die Hosen bleiben kurz. Die Zwillinge zanken sich gerne lauthals, tragen grelle Farben, Plastikperlen-Armbänder und auffällige Damenhandtaschen. Irgendwer muss das ja machen. Und München war schon immer die Heimat solcher Paradiesvögel.

TIPP Das Münchner Label „Kurzzug" entwirft aus dem geliebten blauen U-Bahn-Leder wunderschöne Taschen.

Auch Ingo Maurer verausgabte sich zu Lebzeiten gerne kreativ. Seine Skulpturen und Lichtinstallationen finden sich in New York, Südkorea, Toronto oder São Paulo. Sein Laden mit Design-Leuchten steht im Münchner Stadtviertel Schwabing, wo viele Künstler und Ateliers zu Hause sind. Im Hof dahinter toben die Kinder um seine Kunstwerke herum – unter fliederumrankten Balkonen und Bäumen, aus denen orangefarbene Plastikkrähen zusehen. Schräge Vögel überall!

U-Bahnhof Westfriedhof, Stadtviertel Moosach
www.ingo-maurer.com, www.kurzzug.de
ÖPNV: U1, 7, Tram 20, 21, Haltestelle Westfriedhof, Bus 151, 164, 165

Wo die Welt in Ordnung ist

57 *Am Auer Mühlbach*

Sommer, Mond und Freibad – manch einer mag da an eine kühne Idee verrückter Freunde nach einer durchtanzten Partynacht denken. Das passiert auch oft in München – nicht aber in diesem Fall. Die Rede ist von einem Fleckchen unterhalb des Giesinger Bergs, wo die Menschen in der Sommer-, Mond- oder Freibadstraße wohnen. Sie tun hier keine verrückten Dinge – oder vielleicht doch? Jedenfalls ist vor allem die versteckte Stelle an der kleinen Brücke in der Mond-, Ecke Voßstraße auf ihre ganz eigene Art magisch.

Ein paar Meter blitzt der Auer Mühlbach hier an der Oberfläche auf, bevor er den Großteil seines Weges durch die Stadt wieder im Verborgenen zurücklegt. Die Menschen, die direkt am Wasser wohnen, freuen sich, dass ihr Bächlein zumindest kurz vorbeischaut. Zufrieden sitzen sie in ihrem Garten oder im ersten Stock auf einem der etwas schief anmutenden Balkone mit Blick aufs gemütlich vorbeifließende Gewässer.

Münchens Klein-Venedig wird die Ecke gern genannt. Ein Überbleibsel aus dem 19. Jahrhundert, als die Münchner Altstadt von Bächen und Kanälen durchzogen war. Heute verlaufen sie vor allem unterirdisch, tauchen nur an manchen Stellen auf und sorgen für eine nette Überraschung – wie eben an der Mondstraße.

Hier ist die Welt in Ordnung. Am Ende der Straße verliert inmitten geparkter Autos ein Apfelbaum seine Früchte. Eine Katze kommt des Weges. In einem Hauseingang liegt allerhand Trödel und Brauchbares: Kinderschuhe, Haargummis mit bunten Kugeln dran, auch eine Blumenvase ist zu verschenken. „Ist was für euch dabei in unserer Tauschbörse?“, fragt ein Nachbar. Er lacht und geht weiter, düst kurz darauf mit seinem Auto davon. Der frei gewordene Parkplatz ist heiß begehrt. Doch es kommt kein dicker Porsche oder Mercedes ums Eck. Hier ist es die kleine Ape, ein tuckernder Kleintransporter, mit Blattsalat und Gemüsebeet auf dem Dach, der sich die Parklücke sichert. Selbstversorger, alles klar! Und auf der Straße gegenüber steht ein Traktor – mit Parkausweis! Sommer, Mond und Freibad – vielleicht ist die Kombi doch ganz schön verrückt.

Auer Mühlbach, Mondstraße, 81543 München, Stadtviertel Untergiesing
ÖPNV: U1, 2, Haltestelle Kolumbusplatz, Bus 58, Haltestelle Kolumbusplatz

DEUTZ

Schwerelos in Boxershorts

58 *Das Café „Kosmos"*

Das Café „Kosmos" könnte dem Namen nach überall auf diesem Planeten zu Hause sein. Gelandet ist die kleine Kneipe in der nicht sonderlich ausgehverwöhnten Bahnhofsgegend – zwischen Waffengeschäft, Spielhalle und Dönerladen. Dort hat sie eingeschlagen wie eine Rakete.
Kennenlernen und Anbandeln geht hier ganz einfach. Um ein Glas Wein zu holen oder frische Luft zu schnappen, drückt man sich mit Körperkontakt an den anderen Gästen an der zierlichen Wendeltreppe und am antiken Küchenbüfett vorbei. Aus zufälligen Blicken werden gute Gespräche und Leute fürs Leben. Hinter der Bar wachsen Spirituosen-Türme mit faszinierender Schieflage. Charles Schumann, der bekannteste Barkeeper der Stadt, empfiehlt die Kneipe wegen ihrer schier endlosen Gin-Auswahl.
Tagsüber ist es erstaunlich leer an den nierenförmigen Couchtischen. Das „Kosmos" ist alles: ein bisschen Oma und Wohnzimmer, eine wechselnde Kunstausstellung mit Bildern und Schwarz-Weiß-Fotografien, ein angesagter Partyschuppen, laut und still, eng und weit.
Inhaber Florian Schönhofer widersteht dem Trend zum reinen Tagescafé. Er öffnet seinen Laden mittags – und schließt ihn oft erst in den Morgenstunden. Junge Leute ratschen auf Kissenbergen in bodentiefen Fenstern. Pendler springen vom Bahnhof herüber und nutzen wie Journalisten, Blogger oder Grafiker den ruhigen Ort und sein WLAN als Büro. Abends folgen Studenten und Szenegänger. Sie lieben das „Kosmos" für seine diversen Biersorten und Besonderheiten. Das Helle gibt's in 0,25-Liter-Gläsern und zu völlig unmünchnerischen Preisen, also vergleichsweise günstig.
Der Ort ist entspannt – auch zur Wiesn. Dann klebt der Chef Plakate mit durchgestrichenen Dirndln und Lederhosn an die Tür. Rein darf nur, wer seine Tracht ablegt, denn die wird oft als Verkleidung für rüpelhaftes Verhalten missbraucht, weiß Schönhofer. Sogar für seine Spezln ist hier oktoberfestfreie Zone. Die lassen wie selbstverständlich vor der Tür die Krachlederne runter und setzen sich lässig in Boxershorts an die Bar. In diesem „Kosmos" ist das Leben schwerelos.

Café „Kosmos", Dachauer Straße 7, 80335 München, Stadtviertel Bahnhofsviertel
www.cafe-kosmos.de
ÖPNV: U1, 2, 4, 5, 7, Bus 58, Haltestelle Hauptbahnhof, Tram 20, 21, 22, Haltestelle Hauptbahnhof Nord

Urbaner Sonnenuntergang

59 *Absolute Freiheit auf der Hackerbrücke*

Der Münchner verbindet mit der Hackerbrücke ein kunterbuntes Verkehrstreiben: überall Züge, Fußgänger-Gewusel, Radler queren wild die Brücke. Die Straßen sind zu eng, es gibt keine Fahrradwege, dafür Wiesn-Trubel. Denn im Spätsommer kennt man die Hackerbrücke für zwei Wochen im Jahr vor allem als Verbindung zum Oktoberfest und als Hauptverkehrspunkt von und zur Wiesn.

Es geht aber auch anders. An lauen Sommerabenden treffen sich frisch Verliebte und vom Fernweh Geplagte auf der Stabbogenbrücke, die zwischen 1890 und 1894 erbaut wurde und die Arnulf- mit der Landsberger Straße im Westend verbindet. Ein bisschen Melancholie im Gepäck, ein Augustiner-Helles im Rucksack – mehr braucht es nicht. Seit ein paar Jahren wird der Ort immer angesagter – geprägt auch von Instagram und zunehmender Selfie-Romantik.

Geübte Besucher erklimmen die Stahlkonstruktion ganz leicht und landen schließlich auf der ersten Verstrebung der Brücke. Wenn auch nur etwa einen Meter dem Erdboden enthoben, so ändert sich plötzlich doch alles: Einmalig ist der Ausblick Richtung Hauptbahnhof mit Sicht zu den Zwiebeltürmen der Frauenkirche.

Entscheidender aber noch ist der innere Impuls. Auf einmal kehrt Ruhe ein. Es geht nur noch darum, abzuschalten, die Füße baumeln zu lassen und die Stimmung mit Blick auf die Gleise und die ein- und ausfahrenden Züge aufzusaugen. Ein stilles Prost dem „August", wie die Münchner ihre Lieblingsbiermarke kokett nennen. Dabei ist es egal, dass die Brücke ihren Namen von der Konkurrenz-Brauerei hat – Hacker-Pschorr, die bis in die 80er-Jahre gleich ums Eck, zwischen Brücke und Bayerstraße, ansässig war.

Allmählich versinken die letzten Sonnenstrahlen am Horizont. Das Abendlicht taucht die Gleise in einen faszinierenden rötlichen Schein. Die Stimmung bleibt: Ist das Fernweh oder Münchner Heimatliebe?

Hackerbrücke, Theresienhöhe 16, 80339 München, Stadtviertel Westend

ÖPNV: Tram 16, 17, Haltestelle Hackerbrücke, S1, 2, 3, 4, 5, 6, 7, 8, Haltestelle Hackerbrücke

Eine Floßfahrt, die ist lustig

60 *Mit Band und Bierfass auf der Isar*

München ist bei sich, wenn die Leute ihre Füße und einen Kasten „August“ in die Isar stellen. München ist außer sich, wenn ein Floß mit scheppernden Maßkrügen und schepps singenden Passagieren die steilen Wasserrutschen auf der Isar hinunterbrettert.

Eine solch herrliche Floßfahrt beginnt in Wolfratshausen und nimmt seinen Lauf über das Naturschutzgebiet Pupplinger Au, Kloster Schäftlarn, das Mühltal bei Straßlach, hin zur größten Floßrutsche Europas, bei der es mit Bauchkribbeln 18 Meter in die Tiefe geht. Nach der Burg Grünwald und der Großhesseloher Brücke erreicht der Trupp nach sechs Stunden und 28 Kilometern die Anlegestelle Thalkirchen, wo das Floß im Nullkommanichts zerlegt und von riesigen Transportern nach Wolfratshausen zurückgebracht wird.

Fließt die Isar unterwegs bedächtig und ist kein Wehr in Sicht, ist sogar das Baden erlaubt. Es dauert aber meist nicht lange, bis die Herrschaften aufs Floß zurückklettern, mit nassem Haar in die Sonne blinzeln und den Liedtexten der Band lauschen. Ein Glücksfall ist da die Kultgruppe „Isarrider“, die 40-mal im Jahr auf dem Wasser unterwegs ist und selbst im Musikantenstadl oder beim Oktoberfest in Kambodscha oder Kamerun für Stimmung sorgt. Welches Motto könnte besser zur (nicht ganz günstigen) Floßfahrt passen als ihr Ohrwurm „Du bist nur einmal auf der Welt, erst kommt die Gaudi, dann das Geld“?

Ums Geld ging's früher: Im 12. Jahrhundert übernahmen die Flöße wichtige Transporte in die neuen Städte. Wo heute das Deutsche Museum steht, legten Flößer aus dem Isarwinkel und dem Loisachtal an. Holz und Waren blieben in München; die Flößer kehrten zu Fuß und mit einem vollen Portemonnaie in die Heimat zurück.

Heute genießen die Passagiere auf den warmen Baumstämmen eine Weißwurst-Brotzeit, ein paar Krüge Bier und drum herum das dicht bewachsene, wildromantische Isartal. Das verändert sich auf den täglichen Fahrten von Mai bis Mitte September ebenso wie die mal friedliche, mal ungestüme Isar. Alles im Fluss.

Flößereibetrieb Franz Seitner, Heideweg 9, 82515 Wolfratshausen
www.flossfahren.de (und weitere Anbieter)

ÖPNV: S7 nach Wolfratshausen (ca. 40 Min. Fahrtzeit); Alternative: mit dem Auto auf der A95 von München Richtung Garmisch, Ausfahrt Wolfratshausen (ca. 30 Min.)

Einkaufen und Gutes tun

61 *Das Gebrauchtwarenhaus „Weißer Rabe“*

Helfen macht glücklich, oder? Im Gebrauchtwarenhaus „Weißer Rabe“ kann man immer wieder ein bisschen helfen – und dabei glücklicher werden. Das klingt himmlisch! Außerdem ist es – ganz praktisch betrachtet – nützlich und schön, und zwar für einen selbst, aber vor allem für das Gebrauchtwarenhaus und seine Mitarbeiter. Beim „Weißen Raben“ ist das ganze Jahr Flohmarkt. Die Menschen kommen und spenden, was sie nicht mehr brauchen. Ist doch toll, wenn die olle Küchenwaage noch einen Besitzer findet. Andere stöbern und kaufen fröhlich ein. Beides ist nachhaltig. Das Konzept ist so einfach wie überzeugend: Der „Weiße Rabe“ betreut, qualifiziert und beschäftigt Menschen mit Unterstützungsbedarf. Das können Langzeitarbeitslose sein, aber auch Suchtkranke oder Menschen mit einer Behinderung. Beim „Weißen Raben“ arbeiten sie dann zum Beispiel im Verkauf oder als Schreiner. Wer Kunde ist, einkauft oder eine Dienstleistung in Anspruch nimmt, hilft, die Menschen langfristig in die Gesellschaft und Arbeitswelt zu integrieren.

Den guten Gedanken hinter der Institution merkt man den Mitarbeitern auf jeden Fall an. Sie haben Freude an ihrem Job. Hinter der Theke an der Kasse wird gelacht. „Ich geh heute noch zum Schwimmen“, ruft eine Mitarbeiterin durch den Raum. „Kommen Sie mit?“, fragt sie einen vorbeigehenden Kunden. Der fühlt sich ein bisschen überfallen, lacht dann aber auch. Vielleicht geht's ein bisschen lauter zu als woanders, vielleicht sind die Menschen hier ein bisschen unkonventioneller. Aber das ist ja gerade das Schöne.

Ein junger Mann prüft die eingehenden Elektro-Geräte. Hinter unzähligen Schallplatten stehen: ein alter Kassettenrekorder, Computer-Bildschirme, Lampen in allen Größen und Farben – alles gebraucht, versteht sich. „Der Kärcher Fensterreiniger ist noch top. Und für acht Euro ein echtes Schnäppchen“, preist der Elektro-Fachmann sein bestes Stück an. Tatsächlich kostet das Teil neu mindestens 50 Euro. Auch deshalb macht Einkaufen hier noch mehr Spaß.

„Weißer Rabe“, Landsbergerstraße 146, 80339 München, Stadtviertel Westend
www.weisser-rabe.de/unsere-betriebe

ÖPNV: S1, 2, 3, 4, 6, 7, 8, Halstestelle Donnersbergbrücke, Bus 153, 53, 63 und Tram 18, 19, Haltstelle Trappentreustraße

Reitermärsche
crystal
20 SUPERHITS
Yes, Sir, I Can Boogie · It's A Game · Und es war Sommer
Tango in der Bar von Fernando · When · Nimm den nächsten
Zug · Daddy Cool · Die Uhr geht vor, du kannst noch bleiben
Yesterday's Hero · Swiss Lady
MIT DEM SUPER-AUFBÜGELBOGEN
Das Original
Klassik
Oper
Operette
Weihnacht

Kurzurlaub im kreativen Chaos

62 *Die „Casa Sarda“ auf dem Elisabethmarkt*

Auf dem Elisabethmarkt herrscht ein großes Miteinander. 24 kleine Häuser stehen nah beieinander. Am schönsten ist es ganz hinten in der „Casa Sarda“, vis-à-vis zum Gisela-Gymnasium. In dem Standl mit der Nummer 13 ist es so eng, dass man sich kaum um die eigene Achse drehen kann. Laut und lebendig geht's hier zu. Mit Händen und Füßen diskutieren Köche, Gäste und Kellner über Gott und die Welt – ganz so, als wären sie eine große italienische Familie.

In der Vitrine liegt Wildschwein-Salsiccia neben Fenchelsalat mit Blutorangen, gegrilltem Gemüse und Oktopus mit Stangensellerie. Tageskarte? Fehlanzeige! Hier regiert das kreative Chaos mit viel Temperament und noch mehr Amore. „Heute gibt's hausgemachte Linguine mit den allerbesten Artischocken aus Valledoria“, ruft eine junge Frau, die währenddessen schon alle Zutaten in eine Pfanne wirft und loslegt. Serviert wird das Ganze keine fünf Minuten später von einem singenden Kellner. Ein Mittag wie ein Kurzurlaub, der gute Laune für das gesamte Jahr liefert. Bloß die sagenhaften Rotweine dürfen die Gäste nicht trinken, sondern nur kosten – und dann flaschenweise mit nach Hause nehmen. Denn für eine Schanklizenz ist die Toilette drei Meter zu weit entfernt. Der Elisabethmarkt im Herzen Schwabings ist ein Abenteuer für die Sinne. In den Gassen zwischen den Häuschen sammeln sich Gerüche von Blumenwiese, Molkerei, Kräutergarten, Kaffeepulver und Kirschbäumen. Anders als auf dem Viktualienmarkt im Zentrum sind hier die Einheimischen unterwegs. Sie kaufen Obst, Fleisch, Geflügel und Wein, Käse, Wurst und Blumen – alles aus der Region und von höchster Qualität. Hier hätte auch Kaiserin Sissy frohlockt, nach der der Markt von 1903 benannt ist. Sie verbrachte ihre Kindheit in München und mit Kaiser Franz viele Urlaube in Schwabing.

Bald kommt der Abriss. Wegen Brandschutzbestimmungen wird der Markt neu hergerichtet. Die Schwabinger schmerzt das Herz. Die Standl-Betreiber sind da entspannter. Denn mit der besten Ware und treuer Kundschaft übersteht man auch mal eine Container-Phase.

- **Markt auf dem Elisabethplatz, „Casa Sarda“, 80796 München, Stadtviertel Schwabing**
- **ÖPNV: Tram 27, 28, Haltestelle Elisabethplatz, U1, 2, Haltestelle Josephsplatz, U3, 6, Haltestelle Giselastraße**

Leben wie zu Königs Zeiten

63 *Der Bavariapark*

Es riecht nach frisch gemähtem Gras, ganz klar und sauber, vielleicht ein bisschen holzig. Forscher behaupten, dass der Duft Stress reduziert und die Nervenzellen vor Schäden schützt. Tatsächlich tut er irgendwie gut, legt sich direkt auf die Seele, lädt ein zum Loslassen. Auch optisch schafft die große Wiese im Bavariapark ein Bild der Ruhe. Wie ein riesiger Teppich zieht sich das weiche Grün über die ein Fußballfeld große Fläche, ein paar kleine Hügel sind dabei. Sacht bettet sie sich ein in den Trubel der Stadt, der nur einen Katzensprung entfernt ist und doch meilenweit weg.

Jetzt mal langsam, mag manch einer sagen: Ein Park ist ein Park, nicht mehr und nicht weniger! In München gibt es viele davon. Manchmal sind es nur kleine grüne Ecken, oftmals breit angelegte Naherholungsgebiete. In jedem Fall muss es aber das gewisse Etwas sein, das eine Grünfläche zum Leben erweckt und aus einem Park einen Glücksort macht. So ist das im Bavariapark, der übrigens noch gar nicht so lange für alle Bürger offen steht. 1826 hat König Ludwig I. ihn anlegen lassen – ausschließlich für sich selbst, zum Spazierengehen und Lustwandeln. Später war die Grünanlage von der Alten Münchner Messe umgeben und wurde als Ausstellungsfläche genutzt. Erst seit 1998, mit dem Umzug der Messe nach Riem, ist die grüne Oase für alle zugänglich. Glücklich sind die, die den kleinen Park zwischen den Wohnanlagen in Sendling und dem Westend überhaupt gefunden haben.

Rund um die frisch gemähte Wiese schotten alte Eichen ab, was an die laute Stadt erinnert. Eine junge Frau packt ihre Yoga-Matte aus. Zwei Buben positionieren akkurat ihre Jacken als Fußballtore. Auf einer Bank liest eine ältere Dame ein Buch, während es am anderen Ende der Wiese etwas turbulenter zugeht. Dreijährige Kita-Stöpsel halten ihre Erzieherinnen auf Trab. Die legen Decken aus und bereiten alles für ein Picknick vor. Und auf dem Kiesweg läuft der eine oder andere Jogger an der Szenerie vorbei. Für das gewisse Etwas braucht's hier nur ein Gefühl: leben und leben lassen!

Bavariapark, Am Bavariapark 1, 80339 München, Stadtviertel Westend

ÖPNV: U4, 5, Haltestelle Schwanthalerhöhe, Bus 62, Haltestelle Hans-Fischer-Straße, Bus 53, 134, Haltestelle Ridlerstraße

Streicheln bringt Glück

64 *Löwenschnauzen vor der Residenz*

Es ist magisch, was von diesem Ort mitten in der Stadt gegenüber der Feldherrnhalle ausgeht. Die meisten Münchner können nicht anders. Sie verrichten ihre Einkäufe, eilen vom Marienplatz Richtung Odeonsplatz oder andersherum, und auch wenn sie kaum Zeit haben, so darf doch ein Ritual nicht ausbleiben: kurz innehalten, an etwas Schönes denken und bedächtig die güldenen Löwenschnauzen in der Residenzstraße streicheln. Das bringt der Tradition nach Glück.

Ein junger Student soll im Jahr 1848 einen Schmähbrief über König Ludwig I. und dessen Liebesbeziehung zu der Tänzerin Lola Montez verfasst haben. Erbost darüber ließ der König nach dem Revoluzzer suchen. Als dieser gefasst wurde, kam es überraschend anders. Der Student wurde begnadigt – wegen seines Mutes. Der Täter konnte sein Glück kaum fassen. Wieder auf der Straße wurden ihm die Knie weich. Um nicht umzufallen, stützte er sich auf einen der Löwen am Eingang der Residenz. Seitdem steht fest: Die Löwenschnauze zu streicheln, verspricht Wohlstand und Glück.

Klar könnte man es ganz profan Aberglaube nennen. Vielleicht schwingt ein bisschen Yoga-Mentalität mit oder einfach nur ein gutes Gefühl im hektischen Alltag. Und darum geht's doch im Kern allen Tuns!

Dieses gute Gefühl empfindet man auch, wenn man ein paar Schritte weiter durch die ruhige Viscardigasse hinter der Feldherrnhalle schlendert. Das sogenannte Drückebergergasserl steht als Symbol für den zivilen Widerstand im Dritten Reich. Zahlreiche Münchner gingen damals lieber über das kleine Sträßchen zum Odeonsplatz, um nicht die SS-Wachen vor der Feldherrnhalle mit „Heil Hitler" grüßen zu müssen. Eine bronzene Spur auf dem Boden sorgt bis heute für einen Moment des Erinnerns und ein stolzes, zustimmendes Kopfnicken ob der Historie.

Wer einen Cappuccino genießen will, geht ins „Stereo". Das Café im 50er-Jahre-Charme liegt gegenüber den Löwenschnauzen im ersten Stock des Herrenmodegeschäftes „Stereo MUC". Zur warmen Jahreszeit empfiehlt sich die Terrasse, zu der man durch die Küche gelangt.

Löwenschnauzen, Münchner Residenz, Residenzstraße 1, 80333 München, Stadtviertel Altstadt
ÖPNV: U3, 4, 5, 6, Haltestelle Odeonsplatz, Bus 100, 153, Haltestelle Odeonsplatz

Im Abspann: Sommerregen

65 *Das „Kino, Mond & Sterne" im Westpark*

Es wird garantiert eine der besten Nächte des Jahres: Von Juni bis September läuft das Open-Air-Festival „Kino, Mond & Sterne" auf der Seebühne im Westpark. Das halbrunde Amphitheater aus Naturstein ist in einen grünen Hügel eingebettet und definitiv einer der schönsten Oben-ohne-Veranstaltungsorte in München.

Überhaupt ist der Westpark ein besonderes Ausflugsziel: Einige Bereiche sind im asiatischen Stil gehalten, etwa der China- und Japangarten, die Nepalesische Pagode und die Thailändische Sala mit Buddha-Statue. Ein Anblick, der ungemein entspannt. Und hier, hinter der riesigen Kino-Leinwand, plätschert ein Wasserfall in einen violetten Teich, in dem sich der Nachthimmel spiegelt.

Beliebt sind die Ränge hoch oben auf der Seebühne, wo sogar Hochschwangere bis drei Uhr früh die Füße ausstrecken und eine Spätvorstellung genießen, bevor ihre Nächte unruhiger werden. Andere breiten sich mit einer Decke oder Liegestühlen auf dem Steinboden direkt vor der Leinwand aus. 3 – 2 – 1 – und schon geht's los. Gemütlich wird miteinander gepicknickt, über gelungene Dialoge gelacht, mit Filmhelden gehofft und auch einmal im Chor mitgesungen. Und wenn man Glück hat, sieht man sogar den eigenen Lieblingsfilm, weil man ihn sich zuvor auf der Homepage von den Veranstaltern gewünscht hat. Aber auch sonst laufen im „Kino, Mond & Sterne" immer hervorragende Independent- und Kultstreifen, wie das gute alte „Drive" mit Ryan Gosling und seiner unvergleichlich tollen Filmmusik, deren Rhythmen sich in den Bäumen fangen und wie Seifenblasen gen Himmel steigen.

Apropos: Braut sich da etwa was zusammen? Irgendwie ist es immer so, dass man auf dem Heimweg mit dem Radl in ein Sommergewitter gerät. Dann sammeln sich Grüppchen aus dem Kino unter dichten Baumkronen, warme Tropfen landen auf der Haut. Man beginnt zu lachen und zu ratschen und merkt plötzlich, dass man gemeinsame Bekannte hat oder letztens schon zusammen durch den Sommerregen heimgeradelt ist und dabei die Freiheit gespürt hat.

Seebühne im Westpark, 81377 München, Stadtviertel Sendling-Westpark
www.kino-mond-sterne.de
ÖPNV: U6, Haltestelle Westpark, Tram 18, Haltestelle Stegener Weg, Bus 51, Haltestelle Ammerseestraße, Bus 63, Haltestelle Hinterbärenbadstraße

Patrona und Wiesn-Glanz

66 *Ein Pizza-Schmaus an der Bavaria*

Die Bavaria und das Oktoberfest sind unzertrennlich. Achtung, Geheimtipp: Am schönsten ist es bei der alten bayerischen Patrona in den knapp 350 Tagen im Jahr, wenn gerade keine Wiesn ist.

Mit Pizza und Vino im Gepäck lässt sich ein lauer Abend am besten auf den Stufen am Fuße der bronzenen Statue genießen. Majestätisch reckt die bayerische Dame ihren Arm gen Himmel, der Löwe steht ihr treu zur Seite. Der Blick nach oben lässt sich tatsächlich nur mit viel Ehrfurcht ertragen. Immerhin ist die Bavaria auch nicht mehr die Jüngste. Sie wurde zwischen 1843 und 1850 im Auftrag Ludwigs I. errichtet. Ihr Bronzeguss galt damals als technische Meisterleistung des Bildhauers Ludwig Schwanthaler – mit 18,52 Metern Höhe und 87,36 Tonnen Gewicht. Von April bis Oktober kann, wer will, ihr Inneres begutachten und die Stufen durch ihren Körper bis nach oben erklimmen. Der engagierte Kassier am Eingang betrachtet sich als Kavalier der alten Schule – immer zu Diensten für seine Angebetete. Er sorgt für Ordnung und bewacht akribisch, wer reingeht und ob am Ende auch alle wieder rauskommen.

Dementsprechend gesittet geht es zu. Wer es durch die engste Stelle am Hals schafft, hat sicherlich ein paar Schweißperlen auf der Stirn, aber auch den beschwerlichsten Part hinter sich. Geradewegs durchs Auge oder den Haarkranz der Bavaria eröffnet sich ein gigantischer Ausblick über die Theresienwiese bis hinüber zum Deutschen Museum und zur Maximilianskirche im Glockenbachviertel.

Wer sich das nicht antun will, der bleibt bei seiner Pizza und dem Gläschen Rotwein am Fuße der kolossalen Gestalt sitzen und genießt den Sonnenuntergang. Wenn es frisch ist, hat man die Stufen fast für sich allein. In einer lauen Sommernacht kommen Skater, Radler oder Jogger des Weges und gesellen sich gerne dazu. Es wird geredet und gelacht – und vielleicht packt einer seine Gitarre aus. Was braucht es mehr zum Glücklichsein?

TIPP

Am Abend vorm Wiesn-Start zusehen, wie die Schausteller ihre Fahrgeschäfte testen und hell erleuchten!

Ruhmeshalle mit Bavaria, Theresienhöhe 16, 80339 München, Stadtviertel Ludwigsvorstadt

ÖPNV: Bus 134, Haltestelle Theresienhöhe, Bus 62, Haltestelle Hans-Fischer-Straße, U4, 5, Haltestelle Theresienwiese

Knödel machen satt und froh

67 *Das „Wirtshaus in der Au"*

Königlich bayerisch bahnt sich der Schweinsbraten seinen Weg quer durchs Wirtshaus. Die dunkle Soße glänzt, darunter zwei saftige Scheiben Fleisch, die Kruste genau richtig: knusprig, leicht salzig und von goldbrauner Farbe. Es gibt wissenschaftliche Abhandlungen über den perfekten Schweinebraten. Die Kellnerin weiß genau, was sie da trägt – oder mehr noch: mit Bedacht ausliefert. In ihrem Dirndl schwebt sie durch die Gänge, vorbei an Holzscheiten und liebevoll aufgehängten Bierkrügerln. Dabei liegt, was wirklich wichtig ist, direkt neben dem Fleisch auf ihrem Teller: der Knödel!

Er ist kugelrund, macht satt und steht in Bayern wie kaum ein anderes Gericht für Brauchtum und Gemütlichkeit. Vielleicht deshalb hat sich das „Wirtshaus in der Au" dieser Spezies besonders angenommen. Die größten Knödel Münchens soll's hier geben. Seit 1901 existiert die Lokalität, an der die Menschen vor allem das Stückchen bayerische Tradition schätzen. So wie einst Karl Valentin. Gleich ums Eck in der Zeppelinstraße geboren, verbrachte das Münchner Original so manche Stunde im Wirtshaus. Es waren die Knödel, die ihn so faszinierten. Wo, wenn nicht hier hat er Feldforschung zu seiner legendären „Semmelnknödeln"-Parodie betrieben. Die Gäste können auch heute etwas dazulernen. In regelmäßigen Abständen bietet das „Wirtshaus in der Au" Knödelkochkurse an. So manches Knödelgeheimnis wird gelüftet, und wer gut aufpasst, kann am Ende das Königlich Bayerische Knödeldiplom sein Eigen nennen. Da erfährt man dann auch, warum im Wirtshaus dieses sperrige Wurfgeschoss steht. 1967 machte Helmut Winter mit seiner Knödelwurfmaschine aus dem bayerischen Kulturgut nämlich glatt ein basisdemokratisches Element. Mit den Knödelgeschossen wollte Winter damals, genervt vom ewigen Fluglärm, gegen die Starfighter vom Fliegerhorst Fürstenfeldbruck angehen. Schnell wurden die Medien aufmerksam, vom „Spiegel" bis hin zur englischen „BBC" berichteten sie. Die Geschichte vom „Pasinger Knödelschutz" war geboren – und die erzählen sich die Leute heute noch bei einem Schweinsbraten mit Knödel.

„Wirtshaus in der Au", Lilienstraße 51, 81669 München, Stadtviertel Au
www.wirtshausinderau.de
ÖPNV: S1, 2, 3, 4, 6, 7, 8, Haltestelle Rosenheimer Platz, Bus 132, Haltestelle Boschstraße, Bus 94, Haltestelle Deutsches Museum

Ein Held mit Flug-Krug-Power

68 *Der Kletterwald München*

Muskelkater in den Fingern, Oberarmen, im Bauch. Ein blauer Fleck am Wangenknochen. Und das Gefühl, ein Held zu sein.

Ein Tag im Kletterwald München hinterlässt Spuren. Nach einer Einweisung dürfen Besucher in den Wipfeln der Bäume herumkraxeln und mit einem Flying Fox durch die Äste fliegen. Hier in Grünwald im Süden Münchens findet sich die mit 120 Metern im weiten Umkreis längste Seilbahn in einem Kletterwald. Besucher sausen juchzend und mit Bauchkribbeln 40 Sekunden über den gesamten Hochseilgarten hinweg. Wer davon nicht genug bekommt: Auf dem Weg durch die Bäume findet sich immer wieder ein Flying Fox mit einer Länge bis zu 50 Metern.

So wild das klingt, so sicher ist es: Ein neues Sicherungssystem macht ein versehentliches Aushängen des Kletterers unmöglich. Am besten beginnt man im einfachsten der fünf Parcours durch die Baumwipfel in bis zu 15 Metern Höhe. Auf wackligen Zickzackbrücken, in schaukelnden Schlaufen und Kletternetzen wird man immer mutiger. Her mit dem James-Bond-Element!

Einzigartig am Kletterwald München ist das Konzept, das die Macher als Hommage an ihre Heimat umgesetzt haben: Weit oben wird über das Bayernelement balanciert. Dort warten hölzerne Brezen, Bierbänke und geschnitzte Maßkrüge, die erklettert werden müssen. Herzklopfen bereitet die Hangelleiter mit Bierkästen, das schwerste und spektakulärste Element im Extremparcours. In der Mitte gibt es zum Glück eine schwebende Plattform, auf der man kurz Kraft tanken kann. Entspannter geht's über die Nudelhölzer und eine Ski-Brücke. Richtig Laune machen eine Schlittenfahrt und ein Bobbycar-Rennen, das in einer Baumkrone endet. Also, auf die Plätze, fertig, los: Lenkrad mit beiden Händen festhalten, die Füße weit wegstrecken und bloß nicht bremsen! Das Lenken nicht vergessen – aber zur Not fängt einen das Kletterseil.

Der münchnerischste aller Kletterparks erinnert einen an die Abenteuer der Kindheit. Hier darf man noch einmal ganz jung sein und als großer Held in die weite Welt zurückkehren.

Kletterwald München (Walderlebniszentrum), Tölzer Straße 43, 82031 Grünwald
www.kletterwald-muenchen.de

ÖPNV: S7, Haltestelle Höllriegelskreuth, Tram 25, Haltestelle Derbolfinger Platz, dann Bus 271, Haltestelle Grünwald Friedhof (beschilderter Fußweg zum Walderlebniszentrum)

Von der Garage zum Dorfwirt

69 *Das „Giesinger Bräu“*

Der Traum entstand in einer Garage mit der hübschen Adresse Birkenau 5. Dort bauten Steffen Marx und ein Kollege an ihrem Brau-Equipment und brauten was zusammen: recht eigenwillige Kreationen von Frucht- und Gewürzbieren. Damit machten sie sich in der Stadt der Biere einen Namen. Die Leute bekamen nicht genug von diesem Gebräu aus Giesing, sodass bald auch Weißbier und Helles ihren Platz im Sortiment fanden. Letzteres, die „Untergiesinger Erhellung“, ist inzwischen die Hauptsorte und das Aushängeschild der „Giesinger Biermanufaktur und Spezialitätenbraugesellschaft“, kurz „Giesinger Bräu“.

Sie ist Münchens jüngste Stadtviertel-Brauerei, die wachsen wollte. So ging es von der Garage nach Upper-Giesing, wie der Münchner sagt, also von Unter- nach Obergiesing. Giesing aber musste es bleiben. Die Marke identifiziert sich stark mit dem alten Arbeiterbezirk – nicht umsonst thront die Heilig-Kreuz-Kirche auf dem Wapperl der Flasche. Die sieht man direkt von der Terrasse des Bräustüberls, das über dem neuen Sudhaus gebaut wurde und ein Treffpunkt für Jung und Alt ist – so, wie es früher beim Wirt im Dorf üblich war.

Und wie früher beim Wirt gibt's im Bräustüberl Deftiges: Fleischpflanzerl mit Kartoffelvogerlsalat oder Schweinsbraten mit Blaukraut und Knödeln. Aber auch Ziegenkäse vom Grill und Saiblingfilet mit Weißbierschaum schmecken fantastisch. Schaut der Gast durch ein Fenster im Stüberl, erfährt er, wie Brauer und Mälzer in riesigen Kesseln so kreativ wie traditionell Gerstensaft herstellen: nur frische, unfiltrierte und thermisch unbehandelte Biere, die Hefe und natürliche Trübstoffe enthalten und einen besonders vollen Geschmack entfalten.

Aus einem Verkaufsschuppen im Hof wird Dunkles, Märzen und Bock zu den Autos geschleppt. Je nach Jahreszeit gibt es auch Spezialbiere wie die Federweiße oder den „Innovator“. Ein paar Männer können sich nicht entscheiden: das 9,5-prozentige „Sternhagel“-Starkbier oder doch den „Bock Munique“? Der Verkäufer mit Vollbart und Kronkorken-Kette kann helfen: „Ihr braucht beides!“

„Giesinger Bräu“, Martin-Luther-Straße 2, 81539 München, Stadtviertel Giesing
www.giesinger-braeu.de
ÖPNV: U1, 2, Tram 15, 25, Bus X30, Haltestelle Silberhornstraße

Kulturdampfer ahoi!

70 *Die Alte Utting auf der Eisenbahnbrücke*

Auf der einen Seite sind die hohen Mauern der Großmarkthallen hochgezogen. Gegenüber liegen die Eisenbahnschienen, an der Ecke die Boazn „Zur Gruam“, die mit ihrem Retro-Charme auch das hippe Ausgehvolk anzieht. Weiter vorne ein Supermarkt, gefolgt von einem kleinen Spielplatz und den Hallen des Blumengroßmarkts. Es ist ein bisschen industriell, fast schon berlinerisch. Und dann plötzlich, mittendrin, auf einer stillgelegten Eisenbahnbrücke steht sie, und man denkt, sie sei eine Fata Morgana: die frühere MS Utting, heute einfach „Alte Utting“. Das Schiff – im Original. Nur ohne Wasser!
Rückblick – es ist Februar 2017: Der ausrangierte Ausflugsdampfer wird in einer legendären Umzugsaktion vom Ammersee nach Sendling verfrachtet und auf die Brücke gehievt. Ganz München fiebert damals mit. Tagelang ist von nichts anderem die Rede. Daniel Hahn, der Initiator, will das Schiff vor dem Verschrotten retten und aus ihm eine Kulturstätte machen. Sponsoren, Unterstützer und auch die Stadt stehen schnell hinter ihm. Und so nimmt die Idee mit dem Schiff an Fahrt auf.
Da steht sie nun: 70 Jahre alt, 112 Tonnen schwer. Komisch ist es, wenn man rechts in die Lagerhausstraße abbiegt und unter der kleinen Brücke mit dem mächtigen Schiff hindurchfährt. Ein groteskes Bild, bei dem die Alte Utting irgendwie aus dem Leben gerissen scheint – und doch lebendiger ist denn je. Man merkt ihr nicht an, dass sie für den Transport vom Ammersee nach Sendling in zwei Teile gesägt wurde, weil sie sonst wegen ihrer Größe nicht unter Autobahnbrücken und durch Tunnel gekommen wäre.
Den Aufwand war's wert – denn was geschaffen wurde, ist besonders. „Viele Münchner sind mit diesem Schiff gefahren, haben dort gefeiert oder sogar geheiratet“, sagt Daniel Hahn. Er macht nun ein wildes Projekt daraus – mit Café, Kultur und wechselndem Programm. Die Älteren schätzen, dass es das Schiff noch gibt. Die Jüngeren finden's einfach nur spannend. Also: Leinen los!

Alte Utting, Lagerhausstraße 5, 81371 München, Stadtviertel Sendling
ÖPNV: Bus 62, 132, Haltestelle Lagerhausstraße, U3, 6, Haltestelle Implerstraße

KLAR ZUM WENDEN!
VOLLE KRAFT VORAUS
MIT ENERGIE AUS WIND
UND WASSER.
GREEN CITY POWER

Un cappuccino, per favore!

71 *Dolce Vita im „Caffé Ristretto“*

Es ist jeden Morgen das gleiche Spiel: Salvatore begrüßt überschwänglich die nach und nach eintrudelnden Gäste. Meist hält er jedem Einzelnen die Tür auf, findet noch Zeit für einen Händedruck, richtet unermüdlich die Tische drinnen und draußen auf dem Bürgersteig. „Salve“, ruft er dem vorbeifahrenden Radfahrer zu und winkt der Mutter, die gegenüber gerade ihre Tochter in die Kita bringt. Dann aber muss er schnell wieder hinter die Bar, an seine Espresso-Maschine.

Tassen klimpern, heißer Wasserdampf zischt, kunstvoll kreiert Salvatore den Milchschaum, der kurz darauf zusammen mit dem duftenden braunen Sud in der Tasse zu einem Kunstwerk verschmilzt und dabei fast wie durch Zufall kleine Herzen, Blätter oder Topolinos (so heißt die Mickymaus in Italien) zutage bringt.

Auch hinter der Bar – aber am anderen Ende – steht Kompagnon Vincenzo, den alle nur Enzo nennen. Er ist für die Panini und Focacce zuständig, schneidet bedächtig den Schinken in hauchdünne Scheiben, kümmert sich weniger um die Gäste als um Formaggio, edlen Büffel-Mozzarella, und Tomaten.

Wir sind im „Caffé Ristretto“, einer Bar im Westend, die zwar klein, aber noch lange nicht überschaubar ist. Mühevoll aufdrapierte Kisten und Flaschen, fein verpackte Schokoladen und Präsentkörbe lassen in der Mitte des Raums einen Bar-Tresen vermuten. Drum herum, auf knapp 20 Quadratmetern, fünf Tischchen und ein paar Barhockern, tut sich ein Mikrokosmos des italienischen Dolce Vita auf.

Die Münchner kommen morgens vor der Arbeit ab acht Uhr, schnappen sich eine der Gazetten, genießen ihren Cappuccino mit Cornetto, den es so normalerweise wirklich nur in Italien gibt. Im Hintergrund erklingen die letzten Akkorde von Laura Pausinis „E ritorno da te“. Schon setzt der Moderator ein, quasselt unaufhörlich, vermeldet die neuesten Stauhinweise rund um Rom. Und auch wenn uns das gar nichts angeht, hören wir gerne zu. Es ist das rhythmische Wirrwarr der Stimme, das uns zum Träumen bringt, uns auf Kurzurlaub gen Süden wähnt.

„Caffé Ristretto“, Kazmairstraße 30, 80339 München, Stadtviertel Westend
www.cafferistretto.de
ÖPNV: U4, 5, Haltestelle Schwanthalerhöhe

Mit freundlichen Grüßen

72 *Ein berauschendes Konzert auf dem Sommer-Tollwood*

Sommer in der Stadt. An rund 25 Tagen im Jahr heißt das, es ist Tollwood-Zeit. Das Festival lockt im Juni und Juli mit wilden Kunst-Installationen, Bio-Gastro und allerhand Alternativem in den Olympiapark. Wahres Tollwood-Feeling aber liefern vor allem die Konzerte namhafter Musiker, bei Wohlfühl-Atmosphäre, in einem kleinen Zelt. Ob Roísín Murphy, Cypress Hill oder Rainhard Fendrich, für jeden Geschmack ist etwas dabei. Und es ist genau dieser eine Abend auf dem Festival, der berauschen wird, weil alles perfekt ist, wie eines Sommers mit den Fantastischen Vier:

Wir fahren mit dem Radl durch die Stadt, haben nur das Nötigste dabei und fühlen uns unendlich frei. Im Olympiapark lassen wir die bunten Buden mit Kunsthandwerk und Essen aus aller Welt links liegen und steuern direkt auf das Musik-Zelt zu. Es ist gerade richtig für einen fast schon familiären Konzertabend. Der Einlass hat bereits begonnen. In Zeiten von Terrorwarnungen wird besonders streng kontrolliert. Das ist auch gut so – und tut der Stimmung keinen Abbruch. Zufällig entdecken wir Marc, einen Bekannten. Er ist von der Security und lässt uns schnell durch. Drinnen treffen wir Freunde und Freunde von Freunden, München ist ein Dorf!

TIPP Das Tollwood gibt's auch im Winter. Dann stehen die beleuchteten Zelte auf der Theresienwiese.

Heiß ist es und irgendwie magisch. Wild blinken die Lichter. Bei gefühlten 35 Grad kocht das Zelt. Die Münchner strecken die Arme in die Luft, singen, grölen, tanzen. Vielleicht ein bisschen melancholisch denken wir an vergangene Tage, als uns Michi Becks „Sie ist weg" über den ersten Liebeskummer hinweggetröstet hat. Gut 25 Jahre muss das her sein. Na und? Cool waren die vier Stuttgarter schon damals, heute sind sie vor allem authentisch.

Was bleibt von dem Abend auf dem Tollwood, ist unvergesslich – weil wir getanzt haben, gesungen und viel gelacht. Weil wir uns erinnern wollten und dabei die Zeit vergessen haben. Und weil uns Smudo und Co. erklären, was wir längst wissen: Gestern niemand – morgen tot – und dazwischen was? Populär!

Tollwood, Olympiapark Süd, Spiridon-Louis-Ring, 80809 München, Stadtviertel Milbertshofen
www.tollwood.de

ÖPNV: U2, 3, 8, Haltestelle Scheidplatz, Bus 53, Haltestelle Infanteriestraße oder Leonrodplatz, Bus 173, 177, 178, Haltestelle Petuelring, Tram 12, Haltestelle Infanteriestraße oder Leonrodplatz

gubo
Sinalco
Sinalco

Rendezvous nach Feierabend

73 *Boule spielen im Hofgarten*

Wer den ganzen Tag arbeitet, hat sich den allerschönsten Feierabend verdient. Wie wär's mit Boccia im Hofgarten – oder Boule, wie die Franzosen sagen. Eine Verabredung mit Freunden hat noch niemandem geschadet. Dazu ein bisschen Baguette, Käse und ein Gläschen Wein.

Schon der Weg zum entspannten Sommerabend ist eine kleine Herausforderung. Mit dem Radl über den Marienplatz gilt es, die Touristenströme gekonnt zu umfahren und sich bloß nicht aus der Ruhe bringen zu lassen. Denn: Alle sind sie grad wieder da – auch die reichen Scheichs, die ihre orientalische Heimat für eine Shopping-Tour in unserem geliebten München kurzzeitig verlassen. Die Belohnung für die Weltstadt-Strapazen folgt prompt. Am Odeonsplatz rechts abbiegen, dabei die Hektik links liegen lassen und plötzlich – ganz unverhofft – stellt sich Ruhe ein. Versprochen! Im Grün der Anlage, inmitten von prächtigen Kastanien und üppigen Blumenrabatten, wird die aufgeheizte Luft gleich angenehm kühl. Ein paar Grüppchen haben sich im Carré des Hofgartens bereits zusammengefunden, ein paar mehr werden es im Verlauf des Abends noch werden. Männer und Frauen sind dabei, Jung und Alt. „Salut", grüßt einer lässig französisch. „Ca va?", entgegnet ein anderer. Alles klar: Boccia ist hier wohl doch eher Boule, das im Wettkampf-Jargon auch Pétanque genannt wird.

TIPP Münchens erster Boule-Club „Pétanque Munichoise" trifft sich regelmäßig im Hofgarten. Zusehen lohnt sich!

Die schweren Eisenkugeln rollen über den Kies, klacken, wenn sie aufeinandertreffen. Einer wäscht seine „Boules" im Brunnen und lässt sich dann – ganz Profi – auf einem der mitgebrachten Campingstühle nieder. Später, wenn die Dunkelheit hereinbricht, wird er die Taschenlampe akkurat auf dem Brunnen positionieren, damit das Spiel nicht jäh ein Ende findet. Derweil kommt für manch andere die letzte Runde gerade richtig. „Bis morgen", sagt eine junge Frau. „Das Wetter soll wieder schön werden." Auf dem Heimweg sind die Touristen verschwunden. Stattdessen sorgen Straßenmusikanten in der Innenstadt für eine Stimmung wie in Südfrankreich.

Hofgarten, Hofgartenstraße 1, 80538 München, Stadtviertel Altstadt
ÖPNV: U3, 4, 5, 6, Haltestelle Odeonsplatz

Nur kurz das Viertel retten

74 *Der Laden „Kunst und Spiel“*

In der Kunst und im Spiel ist man mit seinem schöpferischen Potenzial ganz Mensch. Das wusste schon Schiller. „Kunst und Spiel“ war also ein guter Name für einen kleinen Laden in Schwabing, der sich in der Nachkriegszeit den schönen Dingen und der Kreativität widmen wollte: Holzspielzeug, Kunstdrucken, Kerzen, Musikinstrumenten und Büchern. Allerdings lasen viele Kinder in den 50ern lieber Mickymaus, und die Erwachsenen setzten auf „pflegeleichte“ Produkte aus Plastik.

Kein leichtes Spiel fürs „Kunst und Spiel“. Doch der Laden setzte sich durch. Gegen Modetrends, mächtige Spielwarenketten und auch gegen das Internet. Das Geheimnis: Qualität, die ein paar Generationen aushält, und Design, das interessant bleibt. Die Kunden schätzen, dass die Produkte unter menschenwürdigen Arbeitsbedingungen hergestellt werden und auch aus Behindertenwerkstätten stammen.

Der erste Stock des Ladens gehört den Kindern. Dort erlebt man, wie wunderbar hölzerne Pferde mit den Hufen klappern. An einem langen Stock watschelt eine Ente mit Plattfüßen über den alten Holzboden. Kreisel drehen sich und bekommen neue Muster. Eine Spieluhr schickt ihre beruhigenden Klänge über die Wendeltreppe. Ein abgepacktes Häufchen Kunststoff mit Batterie und Sound-Funktion sucht man hier vergebens. Türme aus Bausteinen krachen in sich zusammen. Beim Tüfteln im Laden gewinnen die Kunden schnell einen realistischen Eindruck von Balance und Statik – meist folgt ein Kaufentschluss.

Erwachsene werden wieder zu Kindern, erzählen von früher und stöbern gedankenverloren im Parterre und im Keller. Hübsche Bambusschüsseln und Gummistiefel gibt es da, Portemonnaies, Bastelanleitungen, Rucksäcke, Grußkarten, Wollgarn und Bücher. Sekunden werden zu Stunden. In einer kleinen Ecke mit Münchner Produkten entscheiden sich eine Mutter und ihr Sohn für ein Memory der Stadt – und tun damit Gutes. Wer hier einkauft, rettet vielleicht nicht die Welt, aber die Vielfalt Münchens. Denn Läden wie das „Kunst und Spiel“ machen die Stadtviertel abwechslungsreich und unverwechselbar.

Laden „Kunst und Spiel“, Leopoldstraße 48, 80802 München, Stadtviertel Schwabing
www.kunstundspiel.de
ÖPNV: U3, 6, Bus 54, 150, 154, Haltestelle Giselastraße

Mei Herzl

Sommertag im Blumenrondell

75 *Der Gärtnerplatz*

Wenn ein Platz ein ganzes Viertel prägt, dann hat er's wohl geschafft. Der Gärtnerplatz hat in dieser Hinsicht alles richtig gemacht. Er ist namensgebend für das Gärtnerplatzviertel und steckt dabei glatt seinen größeren Bruder, das drum herum liegende Glockenbachviertel, in die Tasche. Der entscheidende Unterschied: Während Letzteres ein offizieller Stadtteil ist, wurde der Gärtnerplatz von den Münchnern selbst liebevoll zu einem Viertel auserkoren.

Angesagt ist der Platz wie Berlin Mitte. Hier tummeln sich hippe Cafés sowie trendy Klamotten- und Schuhgeschäfte, die schrägsten Currywurst-Buden und Bars. Kult ist zum Beispiel der „Trachtenvogl". Das Speisecafé in der Reichenbachstraße war früher mal ein Trachtenladen. Mit Alpenpanorama, Hirschgeweih und Kuckucksuhr als Interieur trotzt er seit mehr als zehn Jahren der Gentrifizierung.

Rainer Werner Fassbinder, Regisseur und Ausnahme-Künstler, hat im Gärtnerplatzviertel das Leben genossen, als wäre es sein Wohnzimmer. Das war Ende der 70er-Jahre. Heute kommen sie immer noch alle zum Shoppen oder auf einen Cappu, während die Immobilienpreise weiter nach oben steigen. Aber von Gentrifizierung, den neuen Eigentumswohnungen und den vielen, die ins Viertel drängen, wollen wir gar nichts wissen! Der wahre Gärtnerplatz findet nämlich ganz woanders statt. Auf der kleinen grünen Wiese zum Beispiel, gleich neben der steinernen Büste von Friedrich von Gärtner, dem Namensgeber des Platzes. Ein Gläschen Wein, ein Buch zum Schmökern und der unverstellte Blick auf das spätklassizistisch gestaltete Gärtnerplatztheater bringen den Tag an einem lauen Sommerabend zu einem fulminanten Abschluss. Andere haben es sich am Springbrunnen in der Mitte des Rondells gemütlich gemacht. Es ist ein luftiges Plätzchen, die Stufen sind kühl, der Blick schweift über die üppigen Blumenbeete. Am Ende sind es Friedrich von Gärtner und sein Architektur-Kollege Leo von Klenze, deren Statuen am Gärtnerplatz alles überblicken und penibelst darauf achten, dass es hier auch wirklich gemütlich bleibt.

Gärtnerplatz, 80469 München, Stadtviertel Glockenbachviertel
ÖPNV: Bus 52, 62, Haltestelle Gärtnerplatztheater, U1, 2, Haltestelle Fraunhoferstraße

FRIEDRICH

76 *Die Wiese an der Floßlände*

Es ist Sommer, und alle stürmen an den See oder ins Schwimmbad. Auf seine Art ein kleines, aber feines Kleinod ist die Wiese an der Floßlände. Weil sie kaum einer kennt – und sie doch so viel zu bieten hat.
Junge Hipster mit Sonnenbrille und Käppi kommen mit dem Radl, das Surfbrett unterm Arm. Manch einer düst mit der Vespa vor oder mit dem Skateboard. Auf der lang gezogenen Wiese, gleich an der Isar gelegen, treffen sie auf Familien, frisch Verliebte oder Singles, die es sich auf einer Decke an einem schattigen Fleckchen mit einem Roman gemütlich gemacht haben.
Die Sonne strahlt. Es duftet nach Sonnenmilch und Urlaub. Die Isar rauscht. An einer Stelle unter einer kleinen Brücke versuchen sich die Stadtsurfer. Klar, die Welle am Eisbach in Schwabing ist bekannter, fast schon berühmt-berüchtigt, weil inzwischen verfilmt. Muss aber nicht sein – außerdem gilt die Stelle an der Floßlände vor allem für Anfänger als surfbar. Überhaupt soll hier das Flusssurfen erfunden worden sein. Wenn ein Floß vorbeikommt, auf dem das Ausflugsvolk und eine Zwei- bis Drei-Mann-Band „Die Hände zum Himmel" grölen, dann vermischt sich alles zu einem harmonischen Miteinander. Die Surfer machen kurz Platz, Schwimmer springen auf das Floß, kriegen einen Schluck aus dem Bierkrügerl und hüpfen freudig zurück ins Nass. Menschen auf der Wiese lassen sich von der Partylaune mitreißen und singen mit, so laut sie können. Ab und zu kreuzt vom nahe gelegenen Münchner Golf-Club ein Golfer mit Bag die Wiese.
Weiter flussabwärts werden die Klänge vom Floß allmählich leiser, und es kehrt wieder Ruhe ein auf der Wiese – zumindest bis der nächste Party-Dampfer anrollt. Klick-klack – da spielt jemand Beach-Tennis. Wer Hunger kriegt, packt den Grill aus oder holt sich was vom Imbiss „Da Bartl" am Campingplatz gleich gegenüber. Hier scheint in den zurückliegenden 40 Jahren die Zeit stehen geblieben zu sein. Das Interieur vermittelt 70er-Jahre-Camping Charme. Jetzt ein Bier oder Weißwein aus der Kühlbox – mehr braucht es nicht.

Wiese an der Floßlände, Zentralländstraße 49, 81379 München, Stadtviertel Thalkirchen
ÖPNV: U3, Haltestelle Thalkirchen, Bus 135, Haltestelle Campingplatz Thalkirchen

Semmelnknödeln – keine Wunst

77 *Das „Valentin-Karlstadt-Musäum“*

Man wünscht sich ein paar schöne Stunden. Es geht darum, dem Alltag zu entfliehen und mal an etwas ganz anderes zu denken. Das „Valentin-Karlstadt-Musäum“ ist prädestiniert dafür, weil es einfach anders ist. Das liegt natürlich an Karl Valentin, der in Bayern übrigens mit hartem „F“ ausgesprochen wird. Als Künstler, Komiker und Volkssänger ist er für seinen ganz speziellen Humor bekannt. Da passt es, dass sich dieses „Musäum“ nicht so ernst nimmt und die Menschen hier weniger über die Kunst sinnieren, sondern viel lieber laut lachen.

Hereinspaziert also ins Isartor! Der Eintritt für Erwachsene kostet 2,99 Euro und 1,99 Euro für Schüler und Studenten. Und Achtung – ein Schild am Eingang verrät: „99-Jährige in Begleitung ihrer Eltern haben freien Eintritt“. Drinnen kann man den Nagel bewundern, an den Valentin seinen Schreinerberuf hängte, und den „sehr seltenen Tropfen Beamtenschweiß“. Berühmt-berüchtigt ist der mit Pelz besetzte Winterzahnstocher. Er soll vor allem bei kälteempfindlichen Zähnen zum Einsatz kommen. Das hauseigene Kino erweckt den 1948 verstorbenen Münchner Querdenker wieder zum Leben. Die Filme mit Valentins kongenialer Partnerin Liesl Karlstadt sind legendär, der Witz des Komiker-Paares ist bis heute grandios. Da heißen die Semmelknödel plötzlich Semmelnknödeln, weil man „eine Semmel“ sagt und „mehrere Semmeln“, argumentiert Valentin. Egal, wie das mit den Knödeln am Ende ausgeht – über die kleine Wendeltreppe nach oben erlebt der gepflegte „Musäums“-Besucher ein herrlich schräges Gesamtkunstwerk.

TIPP

Unbedingt die Öffnungszeiten beachten: Mo., Di., Do. von 11.01 bis 17.29 Uhr, Fr., Sa., So. von 11.01 bis 17.59 Uhr.

Im Turmstüberl angekommen, kann er seinem Gaumen noch etwas Gutes tun mit frischen Weißwürscht oder Schmalznudeln. Und wenn er das „Musäum“ verlässt, weiß er getreu nach Valentin: „Kunst kommt von können, nicht von wollen ... sonst müsste es ja Wunst heißen.“ Ein Blick auf die rückwärts laufende Turmuhr draußen am Isartor verrät, was spätestens jetzt jedem klar ist: Hier gehen die Uhren anders.

„Valentin-Karlstadt-Musäum“, Tal 50, 80331 München, Stadtviertel Altstadt
www.valentin-musaeum.de

ÖPNV: Bus 132, Haltestelle Isartor, Tram 16, 18, Haltestelle Isartor, S1 bis 8, Haltestelle Isartor

MÜNCHNER VOLKSSÄNGER
VALENTIN
KARLSTADT
MUSÄUM
CURIOSITÄTEN LOKAL
GEGRÜNDET
ANNO 1959 BIS
50 Jahre
MAD

Schrille Nacht

78 *Der Christkindlmarkt „Pink Christmas“*

Es ist wie in einer Schneekugel: Weiße Flocken und Glitzersterne fliegen durch die Nacht, reflektieren das rosafarbene Licht, das den Stephansplatz gleich neben dem Südfriedhof komplett eingehüllt hat. Eins ist sicher: Trotz der durchaus bekannten Elemente (Rentiere, Christbäumchen und Kerzenschein) ist der „Pink Christmas“ nicht unbedingt das, was man sich unter einem traditionellen Christkindlmarkt vorstellt. Hier zeigt die schwul-lesbische Community ihr Selbstbewusstsein. Jeder, wie er will, das geht gut in München. Und die Hetero-Münchner wollen das hier genauso.

Viel Chichi und Tüddelkram türmen sich zwischen den kleinen Zelten auf dem Platz. „Kitschig“, sagen manche. Doch die Szenerie auf dem „Pink Christmas“ bringt nicht nur die Herzen kleiner Mädchen dazu, höher zu schlagen. Es ist so, als täte sich eine Märchenwelt auf: Discokugeln funkeln, Laternen sind rosarot verhüllt. Überall stehen pinke Christbäume, Nikoläuse in Groß und Klein fliegen durch die Luft und seilen sich vom Himmel ab auf den Platz. Klassische Christbaumkugeln wären zu schlicht. Hier müssen sie groß sein und glitzern – und oft sind es gar keine Kugeln, sondern Einhörner, Regenbögen oder Schweinderl in Nikolauskostümen. Ein Stand ist über und über mit roten Herzen behängt. An einem anderen tummeln sich Hunderte von Gartenzwergen, die freundlich in die Welt grinsen. Dabei duftet es ganz traditionell und wohlig-warm nach gebrannten Mandeln, Lebkuchen und zimtigem Glühwein. Kinder drehen eine Runde im funkelnden Karussell.

Besonders kuschlig ist es, wenn ein paar Besucher mehr zusammenkommen. Dann heißt es, zusammenrücken und sich gegenseitig wärmen, egal ob schwul, lesbisch oder Familienvater. Travestiestars zeigen mit ihren täglichen Auftritten, dass Weihnachten auch weniger besinnlich, dafür mit Schlager und ganz viel Disco geht. Jeder, wie er will. Kondome, Gleitgel und Sex-Ratgeber sind hier übrigens auch zu finden. Und so wird aus einer stillen Nacht ganz schnell eine schrille Nacht.

Christkindlmarkt „Pink Christmas“, Stephansplatz 1, 80337 München, Stadtviertel Glockenbachviertel, www.pink-christmas.de

ÖPNV: Bus 62, Haltestelle Stephansplatz, U1, 2, 3, 6, Haltestelle Sendlinger Tor

Viertel-Alltag im Mikrokosmos

79 *Das Restaurant „Manouche“*

Es ist ein Kommen und Gehen in dem kleinen libanesischen Lokal „Manouche“. Aus dem Radio erklingt orientalische Musik. Der Koch hinter dem bunt gefliesten Tresen singt mit. Nebenbei schnippelt er allerhand frisches Gemüse, das er bald darauf in Porzellanschalen und -schüsselchen anrichtet.

Immer wieder wischt er mit einem Lappen über seine Arbeitsfläche und beobachtet den Alltag draußen auf der Straße. Einer der Gäste fragt: „Was genau ist Zaatar?“ Es dauert einen Moment. Dann kommt ein Kollege, der besser Deutsch kann. Er erklärt: Manouche ist eine libanesische Pizza, die mit verschiedenen Zutaten belegt wird. Die Zaatar-Variante ist der Klassiker mit frischer Minze, Tomaten und Gurken – und kommt wie jede Manouche aus dem Steinofen.

Das bunte Treiben und die durchaus erholsame Geschäftigkeit machen den Laden so sympathisch. Tatsächlich ist er wohl mehr Imbiss als Restaurant. Das hält die Menschen aus dem Viertel aber nicht davon ab, die bunten Tische und Stühle vor dem Lokal mit Leben zu füllen oder es sich auf einem der raren Plätze drinnen gemütlich zu machen.

Ein Plakat gleich am Eingang zeigt, wo's langgeht: „Welcome – Humanity and Respect“ steht da ganz unscheinbar – und doch omnipräsent. Das Plätzchen macht es einem leicht, an ein Miteinander der Kulturen zu glauben. Kinder laufen die Straße herunter. Sie kommen aus der Schule am Gotzinger Platz, vielleicht auch aus dem Pfarrbüro St. Korbinian ein paar Meter weiter. „Hallo“, ruft der Kellner. „Das Gleiche wie immer?“ Der Junge nickt, wirft seine Schultasche auf die Bank und winkt seiner Mutter zu, die gerade den Blumenladen gegenüber verlässt. Der Kindergarten „Apfelbäumchen“ nebenan macht einen Ausflug. Bunt gescheckt und mit Warnwesten ausgestattet stehen die Kinder zum Abmarsch bereit. Davor hüpft eine der Erzieherinnen noch schnell herüber. Sie bedient sich selbst, das ist hier so üblich; holt sich eine Bionade aus dem Kühlschrank, legt ein paar Münzen auf die Theke, dann ist sie weg. Morgen kommen sie alle wieder.

Restaurant „Manouche“, Valleystraße 19, 81371 München, Stadtviertel Sendling
www.manouchemanouche.de

ÖPNV: U3, 6, Haltestelle Implerstraße, Bus 132, Haltestelle Gotzinger Platz

MANOUCHE: DIE
COCKTEL
ZAATAR
JIBNE
KISCHEK
LAHME BI AJJIN
Bio Rinderhackfleisch mit Tomaten und Zwiebel, belegt mit Minze und eingelegtem Gemüse
FATAYER SBENICH
mit Spinat, Pinienkernen und Zwiebel
Bio Rindfleisch
Farb- oder Konservierungsstoffe
und keine Geschmacksverstärker
Clos de Cana, weiß
Domaine Wardy, rot
Clos de Cana, rot

Höchstes Heimatgefühl

80 *Der Olympiaturm*

Woanders ist es anders schön. Das wissen die Münchner und sind gerne viel unterwegs, auch dank der idealen Lage zum Verreisen. Kommen sie zurück in ihre Stadt nach ein paar Tagen in den Bergen, nach ein paar Wochen im Sommerurlaub oder nach ein paar Monaten im Auslandssemester, sind etwas Heimweh und Wehmut im Spiel, bis irgendwo am Horizont der Olympiaturm auftaucht. Dann hüpft das Herz. Heimkommen ist ein großes Gefühl.

Genauer gesagt um die 300 Meter hoch. So weit in den Himmel ragt das Bauwerk von 1968. Weil sich die Stadt München und die Post als Bauträgerin nicht auf ein Konzept einigen konnten, bekam der Turm zwei Körbe. Die untere Kanzel trägt die Fernmelde-Einrichtungen. Sechs Millionen Zuschauer versorgt der Turm mit seinen abgestrahlten Programmen – bis weit in die Südtiroler Alpen hinein. Auch deshalb steht er für Technik-Optimismus und Pressefreiheit.

Im oberen Korb gibt es eine Aussichtsplattform in 181 Metern Höhe, Konzerte im höchsten Rockmuseum der Welt und das Restaurant „181“, das während des Dinners in einer knappen Stunde eine 360-Grad-Drehung hinlegt. Von hier oben entdeckt man die Stadt immer wieder neu. Im Frühling bahnt sich eine wilde Isar den Weg durch ein buntes München, im Sommer erstreckt sich das endlose Grün der Parks und Wiesen bis zu den Alpen, im Herbst blinken die Lichter der anderen, weltbekannten „Wiesn“, im Winter verrutscht der Schnee auf den Dächern der Stadt zu neuen Kunstwerken.

TIPP Hinter dem Turm geht's beim Flohmarkt des Roten Kreuzes unkommerziell zu. Auch was für Spätaufsteher!

Doch man muss nicht weit wegfahren, um sich über den „Olyturm“ zu freuen, den hier jedes Kind kennt. Im Luitpoldpark schiebt er sich zwischen die Bäume. Fährt man mit dem Auto über den Abrollberg am Rangierbahnhof in Moosach, glänzt der Turm golden in der Abendsonne. Er gehört einfach dazu – zum Sommer-Tollwood und zu den Tennisplätzen am BMW-Vierzylinder, und wenn man über die Leopoldstraße fährt und kurz gedankenverloren zur Seite blickt, ist er wieder da, ganz nah.

Olympiaturm im Olympiapark, Spiridon-Louis-Ring 7, 80992 München, Stadtviertel Oberwiesenfeld
www.olympiapark.de
ÖPNV: U3, Haltestelle Olympiazentrum oder Petuelring, Bus 173, Haltestelle Olympiapark-Eissportstadion